Maria Kampp

Oh!
Hochprozentiges
Südtirol

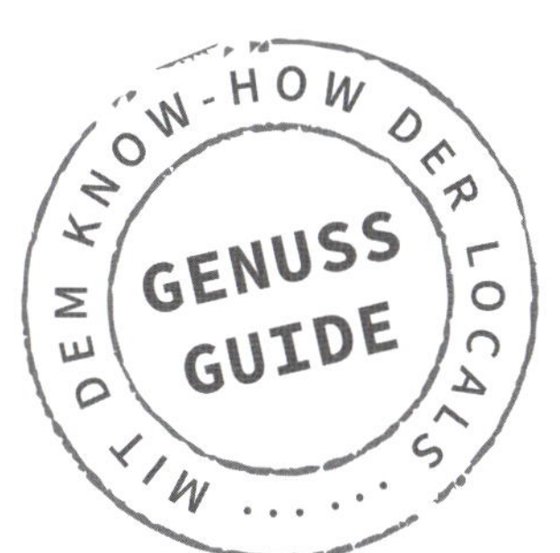

Maria Kampp

Hochprozentiges Südtirol

Folio Verlag

”

Wenn du als Brenner, egal ob legal oder nicht legal, zum ersten Mal einen Brand machst, der richtig gut ist, dann bist du infiziert. Da gibt es kein Zurück mehr.

Brennen ist wie eine Krankheit. Leider unheilbar, aber man kann sich damit arrangieren.

„Gib mir einen Whisky, Baby, und sei nicht geizig!“

Greta Garbo

INHALT

BRENNENDE LIAB JENSEITS DES BRENNERS:

Hochprozentiges Südtirol

Südtirol brennt! Dieses Buch erzählt von Schnaps und von noch vielem mehr. Das Spirituosenuniversum ist groß! Das bewahrheitet sich nirgends augenfälliger als im kleinen Südtirol. Wer über den Brenner fährt, darf sich, nomen est omen, in Sachen Brennereien auf etwas gefasst machen. Nach alpenländischer Tradition gebrannte Obstbrände treffen auf italienisches Können in Sachen Grappa. Südtirol kann aber auch Whisky, Gin, Rum, Geist, Likör, Vermouth und Trendspirituosen!

Ich habe mich auf den Weg gemacht, getrieben von der Frage, wer uns in Südtirol die besten guten Geister beschert. Was für eine Schnapsidee! Damit eine Birne, die unbekümmert am Ast baumelt, ihren Weg ins Schnapsglas findet, sind Handwerkskunst und Geduld gefragt. Die Menschen, denen ich in Südtirols Spirituosenszene begegnet bin, brennen im wahrsten Sinne des Wortes. Glühende Leidenschaft trifft auf Feuereifer. Nicht umsonst bezeichnen sie sich selbst als verrückte Vögel! Sie brennen in Garagen und Kellern, in ehemaligen Ställen und Scheunen, auf jahrhundertealten Höfen und in brandneuen Destillerien. Hinter jeder Spirituose steckt eine Geschichte, die bewegt, erstaunt und inspiriert. Diese Geschichten im Glas zu riechen und zu schmecken beschert ungeahnte Genussmomente.

Über 80 Brennereien sind in Südtirol offiziell lizensiert. Ich porträtiere 27 in diesem Buch und nenne noch einige mehr. Der Reigen ist bunt und reicht von der Kleinstbrennerei, die nur wenige hundert Flaschen pro Jahr abfüllt, bis zur großen, unter zollbehördlicher Aufsicht stehenden Verschlussbrennerei mit mehr als vier Dutzend unterschiedlicher Spirituosen im Sortiment. Weniger als eine Handvoll der porträtierten Betriebe stellen ausschließlich Gin, Liköre oder Likörwein her. Sie besitzen keine Brennlizenz und brauchen die auch nicht. Da ihre Produkte im Reich hochwertiger Südtiroler Spirituosen einen festen Platz einnehmen, gehören auch sie in dieses Buch.

Alle 27 hier vorgestellten Betriebe sind familiengeführt und bieten Führungen und Verkostungen an – in Gestalt gelebter Herzlichkeit und echter Begegnungen. Es darf gemeinsam verkostet, gefachsimpelt, die Nase gekräuselt, gelacht, geschimpft und genossen werden! Die Südtiroler Tradition des Schnapsbrennens ist eng mit der bäuerlichen Kultur verknüpft. Schnapsbrennen bedeutet Veredeln, selten rinnt hierzulande derber Bauernschnaps durch die Kehlen. Es geht um anspruchsvollen Genuss. Wo könnte das besser gelingen als in Südtirol, das zugleich Weinland und Ursprungsgebiet erlesener Früchte ist? Eine Grappa zu brennen, deren Rebsorte sich im Glas enthüllt, ist in Südtirol Ehrensache. Quasi nebenbei sorgt Südtirols Brennzunft dafür, dass so manche Streuobstwiese erhalten bleibt und uralte Sorten nicht in Vergessenheit geraten. Das ist ein gelebtes Statement für Vielfalt – gegen die Monokultur in den Köpfen und am Gaumen!

Südtirol ist ohne Schnaps nicht wirklich zu verstehen. Wer hat in Südtirol noch nie ein Stamperl angeboten bekommen? Schnapstrinken ist geselliges Ritual – auf Hochzeiten und Beerdigungen, nach dem Essen und gerne auch davor. Schnaps offenbart einen tiefen Blick in die Südtiroler Seele. Wo sonst verschmelzen der Norden und der Süden in einer derart stimmigen Symbiose? Beim Brennen verhält es sich ähnlich wie beim Essen, wo Speckknödel und Risotto einträchtig nebeneinander auf dem Tisch stehen: Fest

verankert in der mitteleuropäischen Tradition des Obstbrennens halten Südtirols verrückte Vögel die Augen gen Süden offen. Italien inspiriert, zu fassgelagerten Grappas etwa, Vermouth und allerlei mehr. Und wenn die Welt da draußen Whisky, Gin und Rum macht, warum soll das handwerklich geschickte Südtirol das nicht auch können? Es lohnt sich, zu probieren und es herauszufinden!

Hochprozentige Getränke müssen sich Skepsis gefallen lassen. Wir können es drehen und wenden, wie wir wollen, Alkohol ist ein Nervengift. Wenn die Dosis zu hoch ausfällt, hat das nichts mehr mit Genuss zu tun. Umso schöner ist es, wenn der Flaschengeist solche Freude bereitet, dass der Alkohol nebensächlich wird. Ein Destillat ist eine Essenz, Trägerin von Düften, Erinnerungen und Emotionen. Eine Spirituose ist ein Elixier, das als flüssig gewordene Idee etwas in uns auslöst. Wenn das glückt, reicht ein mikroskopisch kleiner Schluck für einen einzigartigen Genussmoment.

Südtirols schönste Spirituosenbibliothek

BIOBRENNEREI STEINER, MALS

Friedrich Steiner ist ein Mensch der Superlative, obwohl das gar nicht zu ihm passt. Er strahlt Ruhe und Bescheidenheit aus. Gemeinsam mit seiner Frau Thea Schenk hat Friedrich im Obervinschgau Italiens erstes Biohotel aufgebaut. Genau dort befindet sich eine der kleinsten Brennereien Südtirols.

Ist Friedrich allein, läuft alles geschmeidig, seine Bewegungsabläufe sind routiniert. Zu zweit geht es schon etwas beengter her. Friedrich brennt alles, was der Obervinschgau hergibt. Zum Beispiel die Trester aus Europas höchstgelegenem Weinberg. Noch so ein Superlativ. Die Trester von der pilzwiderstandsfähigen Rebsorte Cabernet Cortis stammen nämlich aus dem Weinberg von Kloster Marienberg auf 1340 Metern.

Südtirols schönste Spirituosenbibliothek steht in Mals. Wer auf den roten Sesseln Platz nimmt, wähnt sich in einer anderen Welt. Die mit Etiketten des Vinschger Malers Erich Stecher versehenen Flaschen präsentiert Friedrich wie Erstausgaben und wertvolle Handschriften. Umrahmt von Zirbelkiefernholz und Stechers Gemälden entsteht eine einzigartige Intimität, die der Verkostung einen traumverlorenen Zauber verleiht. Wer Glück hat, darf einen auf einem Flaschenetikett verewigten Stecher mit nach Hause nehmen!

Ein Mann, viele Berufungen. Friedrich ist Landwirt, Hotelier, Koch, Wanderführer und Sommelier. Warum fängt der auch noch das Schnapsbrennen an? Ein Biohotel schenkt Destillate selbstverständlich in Bioqualität aus. In Pionierzeiten gab es aber kaum wirklich gute Biodestillate zu kaufen. Friedrich musste selbst ran. So begann eine Faszination, der er sich bis heute nicht entziehen kann. Inzwischen findet er mehr Zeit fürs Brennen. Sohn Georg setzt den Weg als Hotelier fort, Tochter Lena betreut den hoteleigenen Obst- und Gemüsegarten mit über 200 Sorten Kräutern, Gemüse, Früchten und Beeren.

Groß geworden ist Friedrich auf einem kleinen Hof ganz in der Nähe. Sechs Kinder hatte die Familie und vier Kühe. Drinnen war es eng, draußen warteten Feld, Wald und Wiesen. Friedrichs Onkel war Kräuterhändler. Mit dem Sammeln von Wildkräutern verdienten die Kinder sich ein Taschengeld. Die Gerüche der Kindheit haben Friedrich nie verlassen. Er kann bis heute an keinem Strauch vorbeigehen, ohne von dessen Früchten zu naschen. Der Erfahrungsschatz seiner Sinne ist dementsprechend reich. Friedrich weiß, wie eine Kirsche zu schmecken hat, wie eine Preiselbeere oder eine Palabirne. Er versteht es als Berufung, diese Geschmäcker rein und unverfälscht ins Glas zu bringen, als Edelbrand und als Likör.

Nach 15 Jahren als Chefkoch besitzt Friedrich eine untrügliche Nase und einen unbestechlichen Gaumen. Die Trester für die Grappas stammen von renommierten Bioweingütern, die Früchte aus der unmittelbaren Umgebung auf knapp 1000 Metern Meereshöhe. Die Bäume der alten Apfelsorte Kalterer Böhmer pflanzte Friedrichs Großvater vor über 100 Jahren. Nicht im Traum fiele Friedrich ein, sie zu fällen, bloß weil sie nicht mehr rentabel sind. Er bringt ihre Früchte in die Flaschen, die sie hüten wie einen Schatz.

Die Liköre bereitet Friedrich mit dem Brand der jeweiligen Frucht zu anstatt wie oft üblich mit Neutralalkohol. Das gibt ihnen eine aromatische Tiefe, die die natürliche Fruchtsäure und die zurückhaltende Süße sanft, aber nachdrücklich unterstreichen. Aromastoffe sind selbstredend tabu. Friedrich geht noch einen Schritt weiter. Beim Destillate-Menü im Restaurant staunen die Sinne, wenn sie aus der Sauce oder der Suppe ein Destillat herausschmecken. Wenn sie dann noch das dazu gereichte Schlückchen Destillat oder Likör erreicht, jubeln sie.

INFOS

Biobrennerei Steiner
Staatsstraße 3, Mals
Tel. +39 0473 831186, www.biobrennerei.it

Forsyths

Vinschgau im Schottenrock

PUNI DISTILLERY, GLURNS

Nahe den Stadtmauern von Glurns, der einzigen Stadt im Vinschgau, steht ein überdimensionierter Ziegelstein. In dem Kubus verbirgt sich Italiens erste Whiskydestillerie. Im Obervinschgau Whisky machen, das klingt verrückt.

Der Kopf hinter Puni ist Albrecht Ebensperger. Als Baumeister hat der gebürtige Glurnser Schlösser, Burgen, Ansitze und uralte Bergbauernhöfe restauriert. Hinter den Mauern dieser aufsehenerregenden Architektur brennt er Whisky.

Albrecht ist viel in der Welt herumgekommen und mit einer Vision in die Heimat zurückgekehrt. Eine Whiskydestillerie schottischen Stils im Vinschgau, diese Idee brachte ihm anfangs Spott und Häme ein. Größenwahnsinnig sei er. Wir sind doch hier nicht in Speyside! Um die Kritiker ist es längst still geworden. Jim Murray, der britische Whisky-Papst, hat Puni zum „European Whisky of the Year" geadelt und er wird schon wissen warum. Nicht einmal Michelangelo könne es besser. Wow.

Um seine verrückte Idee umzusetzen, brauchte Albrecht neben Hartnäckigkeit und einer gehörigen Portion Frustrationstoleranz einen verlässlichen Partner. Er fand ihn in Architekt Werner Tscholl. Tscholl stammt aus dem Vinschgau, hat sich mit zeitgenössischer Architektur aber weit darüber hinaus einen großen Namen gemacht. Die beiden *Vinschger Boys* kennen sich durch die Zusammenarbeit auf Reinhold Messners Schloss Sigmundskron. Und jetzt würden sie eben eine Whiskydestillerie bauen.

Der Name Puni ist keine Erfindung von Marketinggurus. Der Punibach ist ein 26 Kilometer langer Nebenfluss der Etsch, der unweit der Destillerie vorbeiplätschert. Die Gärbottiche sind aus einheimischer Lärche gefertigt. Die schottische Firma Forsyths aus Rothes stellte die traditionellen Brennblasen her. Die Whiskys reifen in Fässern von amerikanischem Bourbon, Marsala aus Sizilien, Single Malt von der Whisky-Insel Islay, spanischem Sherry und Südtiroler Wein. Glurns *goes global.* Whisky ist schließlich an vielen Orten zu Hause und hier, am Knotenpunkt mehrerer Alpenpässe, darf es eigentlich gar nicht anders sein.

In den Anfangszeiten ließ sich die Familie Ebensperger von schottischen Fachleuten auf die Sprünge helfen. Schon lange macht sie alles selbst. Die Familienmitglieder packen an, Sohn Jonas und Schwiegertochter Lena Klopp – einem schottischen Clan nicht unähnlich! Das Klima redet auch ein Wörtchen mit. Mit Schottland hat es nichts gemein. Trocken ist der Obervinschgau, ausgestattet mit starken Temperaturschwankungen zwischen Sommer und Winter. Dementsprechend schnell geht die Reifung im Whiskyfass vonstatten. Die Engel sind gieriger als anderswo. Der *Angels' share* sorgt für Mengenverluste, aber auch für eine sich rasch entwickelnde, ausgeprägte Aromatik.

Die klassischen Whiskys versammeln sich in der *core range.* Am meisten fühle ich mich zum „Vina“ hingezogen. Er hat die Reifezeit in einem sizilianischen Marsalafass verbracht. Seine fruchtig-süße Würzigkeit ist eine perfekte Symbiose von Nord und Süd und damit sehr charakteristisch für Südtirol. Wer hätte gedacht, dass Blutorange und Christstollen so ausgezeichnet miteinander können!

In der *arte range* gönnen sich die Ebenspergers Handlungsfreiheit. Sie experimentieren mit außergewöhnlichen Malzrezepturen und besonderen Fässern. Diese limitierten Whiskys verkörpern Augenblicke, Ideen und Emotionen. Die *aura range* geht noch einen Schritt weiter. Die Ebenspergers füllen sie in Fassstärke ab. Einen Whisky mit bis zu 65 Volumenprozent im Glas zu haben, mag gewöhnungsbedürftig klingen, ist aber die unverfälschteste Form des Whiskyerlebnisses – die Aura eben. Und mit Wasser verdünnen geht schließlich immer.

INFOS

Puni Distillery
Visitor Centre, Am Mühlbach 2, Glurns
Tel. +39 0473 835500, www.puni.com

Der Wurzelflüsterer

HOFBRENNEREI AUSSERLORETZHOF, LAAS

Destillieren lässt sich nahezu alles. Was am Ende im Glas landet, macht allerdings nicht zwingend Freude. Den Spargelgeist, der mich begeistert, muss ich erst noch finden, dasselbe gilt für Gurkenbrand und Paprikageist.

Kamillenlikör lässt mich instinktiv an die letzte Magen-Darm-Grippe denken, so leid es mir tut. Als Cocktailzutat spannend, sind die Exoten unter den Spirituosen solo manchmal eigenwillig. Zum Glück muss nicht alles probiert werden! Ein Gaumen darf auch mal experimentiermüde sein.

Diese Regel ist bei Günther Tappeiner zu einhundert Prozent außer Kraft gesetzt. Durch seinen Obstgarten verläuft ein Teil des ehemaligen imposanten Aquädukts „Kandlwaal". Unter und neben den hohen Steinpfeilern wachsen Marillen und alles andere, das man sich nur vorstellen kann. Die Behauptung, dass Günther jede Frucht persönlich kenne, bevor er sie brennt, ist nicht übertrieben! Wenn seine Frau Christine Zeit hat, schwärmt sie aus in Wiese und Wald und sammelt Wildkräuter, Zapfen und Wurzeln für den Brennmeister.

Das Glück, dass der Außerloretzhof eine Brennerei besitzt, ist einem Unglück geschuldet, das auch mit Brennen zu tun hat. Eines

Tages brach im Kuhstall ein Feuer aus, er brannte komplett ab. Zum Glück konnten mit der Hilfe der Nachbarn alle Tiere gerettet werden. Was nun? Günther und Christine verkauften die Tiere und schafften einen Brennkessel an. Es war eine goldrichtige Entscheidung, denn Brennmeister Günther besitzt eine Begeisterung für Früchte und Kräuter, die ans Fanatische grenzt. Er spricht von seinen Marillen und Birnen, als handele es sich um alte Schulfreundinnen oder Lieblingsonkel. Wer seine Brände im Glas hat, kennt auf einmal jede Menge neue Leute.

Ausdauer ist bei einem Besuch unbedingt mitzubringen, denn es gibt beinahe nichts, das Günther nicht brennt. Er ist ein begnadeter Geschichtenerzähler und geizt nicht mit abenteuerlichen und skurrilen Details. Whisky, Rum und Gin sind hier nicht zu finden. Günther ist viel zu beschäftigt, den Früchten, Kräutern und Wurzeln ihre Essenz zu entlocken. Manchmal raubt ihm das den Schlaf.

Die Brände in Sachen Marille, Williamsbirne, Quitte und Zwetschge bereiten großes Vergnügen. Leidenschaftlich wird Günther, wenn es um die Beeren und ihre Anverwandten geht. Was macht eine Johannisbeere aus, was eine Schlehe, was eine Hagebutte? Schwierig zu brennen sind sie allemal, zu flüchtig sind die filigranen Aromen.

Für Günthers Wacholderbrand lasse ich jeden Gin stehen. Das ist Wacholder in seiner reinsten Form, ohne Bitterkeit oder Schärfe. Aus Schafgarbe, Wermut und Honig von den eigenen Bienen komponiert Günther einen Honig-Kräuter-Likör. Diesem raffinierten Arrangement eine Heilkraft zuzuschreiben ist vermutlich vermessen, aber auch nicht nötig – dafür schmeckt es einfach zu gut.

Alles zu probieren ist ein Ding der Unmöglichkeit, wenn Sie mit einer Leber normalsterblichen Ausmaßes vorliebnehmen müssen. Ich empfehle, das zu verkosten, was Sie sonst gerne essen: Wer Brombeeren liebt, wird große Freude am Brombeerbrand

haben. Wen es beim Gedanken an Marzipan schüttelt, findet wahrscheinlich kaum Gefallen am Vogelbeerschnaps. Für Mozartkugelfans bietet er dagegen eine nahezu überirdische Erfahrung. Aroma pur und das ohne jeden Anflug von Süße!

Wurzeln sind Günthers Herzenssache. Ich halte es nicht für ausgeschlossen, dass er mit ihnen spricht, wenn sie unter sich sind. Wurzelschnäpse sind nicht jedermanns Sache, aber auf dem Außerloretzhof besteht die großartige Gelegenheit, dieses Urteil zu revidieren. Allein für den Apfelbrand mit Meisterwurz und den Enzian-Apfel-Brand lohnt es sich, bis in den Oberen Vinschgau zu fahren.

INFOS

Hofbrennerei Außerloretzhof
Schießstandweg 11, Laas
Tel. +39 340 2744205, www.ausserloretzhof.it

„Original Vinschger Marille“
Direkt von den Tomberger Marillenhöfen
Südtirol
Vinschgau
Tara 430g +/- 8%
Hofschank Niedermairhof
Radeben-Hof

Sprichwörtlicher Eigensinn: Marillenbrand

Wer behauptet, keine Obstbrände zu mögen, hat noch nie einen Vinschger Marillenschnaps probiert. Die Brennerzunft möge mir verzeihen, dass ich Schnaps sage. Sie sprechen lieber von Marillenbrand und irgendwie haben sie recht. Schnaps klingt leider nach Resteverwertung und Fusel. Man denkt unwillkürlich an die drei Aprikosen, die man bei der Abreise in den Sommerurlaub in der Obstschale hat liegen lassen und die dann zehn Tage lang ungeniert vor sich hin schimmeln. Aus sowas wird Schnaps gemacht, denkt man sich, frei nach dem Motto, bevor wir es auf den Komposthaufen werfen, brennen wir es eben. Aber es läuft ganz anders!

Die Gleichung ist einfach. Eine Eins-A-Marille ergibt einen Eins-A-Marillenbrand. Immer vorausgesetzt, dass sie in gute Hände gerät. So ein Marillenbrand darf sich dann ganz lässig Schnaps nennen. Denkt doch, was ihr wollt! Im Vinschgau gibt es eine lange Tradition, alles zu brennen, was sich irgendwie Obst nennt. Im besten Fall schweben im Glas flüssig gewordene Obstdelikatessen. Die kratzen nicht und brennen tun sie schon gar nicht. Da ist nur die reine Frucht und sonst nichts.

Allen Vorurteilen zum Trotz gehören Obstbrände zum Weichsten und Anschmiegsamsten, das die Spirituosenwelt zu bieten hat. Selbst der Alkohol wird nebensächlich, er ist lediglich Geschmacksträger. Beim Lieblingsparfum spielt er schließlich auch keine Rolle.

Aber wehe, es wird nicht alles richtig gemacht! Marillen sind Sensibelchen. Launenhafte Trotzköpfe, die ziemlich nachtragend sein können. Zu früh geerntet, bleiben sie grün und schmecken nach gar nichts. Zu lange liegen gelassen, kippt ihre Aromatik ins Vulgäre. Merke: Wenn die Marille ihren Sortencharakter vor dem Einmaischen nicht zeigt, wird sie es im Schnaps ganz sicher nicht tun.

Sollte man einer Marille tatsächlich zumuten, sich vergären und anschließend brennen zu lassen, wird

es richtig heikel. Jetzt bekommen all diejenigen, die im Schatten der Diva unterwegs sind, ihren Auftritt. Bühne frei für Fäulnisbakterien, Buttersäure und Essigsäure! Besser keinen Schnaps heute, danke schön! Ebendarum lassen Brenner tunlichst die Hände von Fallobst. Über dieses haben sich zum Zeitpunkt des Aufsammelns nämlich bereits Abermillionen von Mikroorganismen hergemacht. Die sorgen für unschöne Aromen, die Fachleute Fehltöne nennen und Genusstrinkende grübeln lassen, ob das Zeug nicht besser als Fensterputzmittel taugt.

Den respektvollen Umgang mit der Marille haben die Vinschger Schnapsbrenner aber auch erst lernen müssen. Ich habe mal grob überschlagen, wie viele Tonnen verunglückte Maische über die Jahre weggeschüttet wurden. Wir sprechen hier mindestens vom Volumen des Reschensees vor der Schneeschmelze! Ein lapidares „Da mussten wir alle durch“ zieht sich durch die Geständnisse der Marillenflops. „Die Marille ist nun mal so, was sollen wir machen?“

Wenigstens weiß die Marille ihren Sonderstatus auszukosten. Von der Genossenschaft in Schlanders lässt sie sich in mehr als zwei Dutzend Qualitäten sortieren, bevor sie sich bequemt zu entscheiden, was sie einmal werden will. Einige Optionen lauten Tafelobst, Konfitüre und Trockenobst. Oder eben Schnaps. Endlich mal eine gelungene Berufsberatung!

Wenn die Gärung nicht danebengegangen ist, wird gebrannt. Und zwar immer schön gemächlich. Hetze würde die Königin nie verzeihen. Eine Engelsgeduld braucht es auch bei der Lagerung. Die Marille hält sich einen Hofstaat von zig Aromen.

UNBEDINGT PROBIEREN

- → Marillenbrand, **Außerloretzhof**, *Laas*
- → Marillenbrand aus dem Holz, **Brennerei Wezl**, *Riffian*
- → Marillenbrand, **Befehlhof**, *Schlanders*
- → Marillenbrand, **Brennerei Ortler**, *Eppan*
- → Marillenbrand, **Hofbrennerei Gaudenz**, *Partschins*
- → Marillenbrand, **Haidnerhof**, *Brixen*
- → Marillenbrand, **Marinushof**, *Kastelbell*
- → Marillenbrand, **Reichneggerhof**, *Lana*
- → Priami Marillenbrand, **Privatbrennerei Unterthurner**, *Marling*
- → Vinschger Marille Pure, Founders Cut, **Brennerei Ludwig Psenner**, *Tramin*

Um sie glücklich zu machen, müssen die sich in Ruhe zusammensetzen und alles vorbereiten für die große Show. Das dauert Monate, wenn nicht Jahre.
Ich behaupte, dass allein die Vinschger der Marille und ihrem Eigensinn wirklich gerecht werden, denn Letzteren besitzen sie selbst auf geradezu sprichwörtliche Weise. Und weil die Marille zwar schrullig ist, aber nicht undankbar, ist sie zu den Vinschgern schlicht gnädiger als zum Rest der Welt. Ein Brenner gestand mir, ihm kämen jedesmal die Tränen, wenn die ersten Tropfen Destillat in den Eimer fallen. Ich hielt das für etwas weit hergeholt, aber das war, bevor ich seinen Marillenbrand probiert hatte.
Ein richtig guter Marillenschnaps ist duftig, zart und elegant. Wie ein federleicht dahinschwebender Tänzer oder die Kaminkehrerin, die schwerelos über die höchsten Hausdächer huscht. Mein Favorit stammt vom Befehlhof in Schlanders, wo Oswald Schuster und Tochter Magdalena einen Marillenbrand brennen, der schmeckt, wie ich mir eine Marille vorstelle. Süß, sonnengereift und trotzdem säuerlich-frisch.
Wie wenn man im Hochsommer in einen Gebirgsbach springt, sich anschließend in die Sonne legt und den Grashüpfern zuschaut.

INFOS

Hofbrennerei Befehlhof
Torgglweg 2, Vetzan (Schlanders)
Tel. +39 0473 742197, +39 335 5455197, www.befehlhof.it

Vom Hamsterrad an den Brennkessel

HOFBRENNEREI MARINUSHOF, KASTELBELL

„Auf der letzten Welle reiten interessiert mich nicht", sagt Heiner Pohl lapidar und entnimmt dem Barrique eine Probe Apfelbrand. Er nimmt sich die Freiheit. Hat sich in seinem früheren Leben oft genug bewiesen. Aber der Reihe nach.

Heiner wuchs im Vinschgau auf einem großen Erbhof auf. Er ging raus in die Welt, studierte und lebte in Wien, arbeitete im Management großer Unternehmen. Sein Leben war geprägt von Hotellobbies und Besprechungen. Und so wäre es wohl weitergegangen, wenn Heiner nicht beschlossen hätte, nochmal neu zu beginnen.

Zusammen mit seiner Frau und den vier Kindern lebt er heute wieder im Vinschgau. Was nach Rückkehr klingt, war zunächst einmal ein Ausstieg. Raus aus Meetingräumen ohne Tageslicht, rein in die Gummistiefel. Auf dem Marinushof wachsen Apfelbäume und Weinreben. Das war zunächst eine große Umstellung. Bereut hat Heiner es nie. Gerade als Landwirt und Weinbauer profitiert er von den Erfahrungen seines früheren Lebens. Weitsicht und unternehmerisches Geschick schaden bei einer Hofneugründung schließlich ganz und gar nicht. Und dagegen, dass er die Landwirtschaft im Blut hat, kann er sowieso nichts machen. Warum sollte er auch?

Wer zurückkommt, muss sich nicht mehr anpassen. Weil er ein kleines bisschen zum Fremden geworden ist. Heiner macht sein Ding, als Weinbauer und als Schnapsbrenner. Seine Handschrift ist deutlich, modern im besten Sinne, aber nicht ohne sich der eigenen Herkunft bewusst zu sein. Die Schnäpse brennt er mit einer präzisen, voll- aber niemals überreifen Frucht. Wenn es Heiner gelingt, die Aromen seiner Williamsbirnen, Palabirnen und Marillen unverfälscht in die Flaschen zu bringen, ist er zufrieden. Die Grappa vom Riesling ist leicht wie ein Birnenbrand. Sie bekehrt sogar eingefleischte Grappahasser. Der Apfelbrand, den Heiner in französischer Eiche lagert, ist filigran und elegant.

Die Faszination fürs Brennen kann Heiner sich selbst nicht richtig erklären. Vielleicht liegt es daran, dass der Destillationsprozess schlussendlich rätselhaft bleibt. „So eine Maische schaut ja grausig aus, wenn sie bereit zum Brennen ist. Das ist alles andere als appetitlich. Und dann rinnt plötzlich dieses glasklare, duftende Elixier in den Eimer ... es ist die pure Alchemie. Ich kenne nichts Vergleichbares." Lebenslanges Lernen gehört dazu. Vor Jahren stellte sich ein Apfelbrand als bitter heraus. „Technisch hatte ich alles korrekt gemacht", erinnert sich Heiner. „Ich bin bis heute nicht draufgekommen, was falsch gelaufen ist, aber ich vermute, der Erntezeitpunkt war falsch gewählt. Die Apfelkerne waren bitter, und das hat sich ins Destillat übertragen." Ein Destillat ist eben gnadenlos, weil es nichts versteckt. Heiner ließ es drauf ankommen. Er verschnitt den Apfel- mit einem Williamsbrand. Das Bittere verschwand. Wieder mal die Alchemie! Der „Galwil" war geboren und entwickelte sich zu einem stark nachgefragten Produkt. Heute noch kämen Leute und würden danach fragen. Darüber kann unsereins schmunzeln, aber Heiner lacht, und zwar laut.

Das Bedürfnis, sich mit der Welt da draußen zu messen, ist nicht gänzlich verschwunden. Heiner nimmt an internationalen Wettbewerben teil, natürlich um zu gewinnen, aber vielleicht noch mehr, um sich das Fenster zur Welt offenzuhalten. „Bei Preisverleihungen kann man alles verkosten, was die anderen brennen.

Das ist das Spannendste, was ich mir vorstellen kann.“ Vom Marinushof sind es nur wenige Hundert Meter Luftlinie bis zum Köfelgut. Dort brennt Heiners älterer Bruder Martin einen sehr guten Zwetschgenbrand. Es lässt sich also mühelos diesseits und jenseits der Etsch ein Pohl besuchen.

INFOS

Marinushof
Alte Straße 9b, Kastelbell
Tel. +39 335 420136, www.marinushof.it

Köfelgut
Im Winkel 12, Kastelbell
Tel. +39 0473 624634, +39 348 7504196, www.koefelgut.com

FABBRICAZIONE - TRENTO

Irgendein Blödsinn kommt immer daher

MANUFAKTUR WEBERHOF, KASTELBELL-TSCHARS

Der Mann hat ein Lächeln, das seinesgleichen sucht. Es besitzt keinen Anfang und kein Ende, es ist einfach da. In der Brennerszene werden Sie sich durchweg schwertun, hektische, nervöse Persönlichkeiten zu treffen, aber Walter Klotz strahlt eine Gelassenheit aus, die ihm so schnell keiner nachmacht.

Er entstammt einer Brennerfamilie im Vinschger Dörfchen Galsaun. Sein Großvater war tatsächlich Weber, daher der Hofname. Gebrannt wird seit 1932, mit Lizenz und allem Drum und Dran. Schon als Kind half Walter mit, am liebsten beim Feuermachen. Das war Kult!

Walter brennt Obst und Trester, macht Liköre, Geiste und Gin. 95 Prozent der Ausgangsprodukte stammen aus eigenem Anbau, die Traubentrester bezieht Walter vom Nachbarn. Ich habe zuerst den Obstler verkostet. Der gilt vielen als banal und eindimensional. Walter brennt seinen aus hofeigenen Äpfeln, Birnen und Zwetschgen. Einige Brombeeren und Himbeeren sind auch mit von der Partie, sie verleihen Fülle und Geschmackstiefe. Das Ergebnis ist ein delikater Obstsalat aus der Flasche. Banal? Fehlanzeige!

Zirbenbrand ist Walters Leidenschaft. Obwohl er findet, dass das Prozedere aufwendig und fehleranfällig ist. Zuerst brennt Walter eine Grappa. Dem Raubrand fügt er gemahlene Zirben zu, nach circa sechs Wochen Mazeration brennt er ein zweites Mal. Was soll da schon schiefgehen? „Wenn du zu viel Zirbe drin hast, verklebt der Brennkessel von oben bis unten mit Pech. Das geht nur mit Öl und Butter wieder weg und ist eine Mordsarbeit." Stundenlang vornübergebeugt das Innere eines Kupferkessels zu schrubben, gehört nicht zu den Sternstunden eines Brenners, aber ich bin froh, dass Walter es nicht so eng sieht. Walters Zirbenbrand hat nichts Scharfes oder übertrieben Ätherisches. Er erinnert mich an einen Waldspaziergang im Juni, wenn das Vogelgezwitscher plötzlich verstummt, kurz bevor ein Gewitter kommt.

Gelassenheit ist ein Muss, das weiß Walter nicht nur als Brenner, sondern auch als Landwirt. Irgendein Blödsinn kommt immer daher. Von Kirschessigfliege und Stinkkäfer erzählt er wie andere von einer nervtötenden Nachbarin, deren Unterhaltungswert man am Ende doch niemals missen möchte. Wenn ein Stinkkäfer sich so richtig den Bauch mit Obst vollgeschlagen hat, kann das für übelriechende Gerüche in der Maische sorgen. Dann nutzt alles nichts, weg mit dem Zeug! Rechtzeitig zu entscheiden, etwas sein zu lassen, ist eben auch eine Kunst. Das Leben sei ein Auf und Ab, es bringe wenig bis gar nichts, sich aufzuregen. Sagt Walter und lebt das auch, ganz ohne Achtsamkeitsseminar oder Vipassana-Meditation.

Walter probiert auch gerne mal etwas Neues aus. Beim „Ötzi Gin" komponierte er mit Felsenbirne, Schlehe, Steinklee, Hagebutte, Enzian und Rosenblättern. Der wilde Wacholder stammt vom Vinschger Sonnenberg. Dort soll Ötzi vorbeigekommen sein, kurz vor seinem rätselhaften Tod. Sehr unwahrscheinlich, dass er Gin gekannt hat, aber diesem wäre er sicher nicht abgeneigt gewesen. Unbedingt anzumerken ist, dass Sie auf dem Weberhof nicht nur Spirituosen verkosten und einkaufen können, sondern dass hier auch das ideale Behältnis bereitsteht, um einige Flaschen mitzunehmen. Walters Ehefrau Irmgard Gurschler ist Weidenflechterin und stellt aus den Zweigen der Vinschger Kopfweiden mit bloßen Händen kunstvolle Taschen, Körbe, Vasen und allerlei anderes her. Alle Körbe sind Einzelstücke und wie gemacht dafür, Schnaps oder andere Köstlichkeiten zu transportieren.

INFOS

Manufaktur Weberhof
Brunnengasse 7, Galsaun (Kastelbell-Tschars)
Tel. +39 0473 624708, www.weberhof.bz

Äpfel mit Birnen – vom Revival halbvergessener Obstsorten

Südtirol und Schnaps können nicht ohneeinander. Nahezu jedes Haus beherbergt eine Flasche Schnaps. Die bekommt spätestens dann ihren Auftritt, wenn die Gäste sich anschicken zu gehen. Trink mr no a Schnapsl! Es wird angestoßen, aufs Leben, auf die Freundschaft, die Gesundheit, auf den Erfolg, aufs nächste Wiedersehen. Schnaps belebt, solange man es mit der Menge nicht übertreibt. Ausdrücke wie Feuerwasser und Lebenselixier kommen nicht von ungefähr.
Birnen und Äpfel nehmen in der Südtiroler Schnapslandschaft eine Sonderrolle ein. Bei ihnen hat die uralte Tradition des Brennens ihren Ausgang genommen. Und zugleich sind sie brandaktuell. In der Brennerszene leisten einige einen großen Beitrag für die Sortenvielfalt. Sie brennen mit Vorliebe alte Apfel- und Birnensorten, die nahezu in Vergessenheit geraten sind.
Hand aufs Herz, wer kennt sich schon mit Steinpepping, Kalterer Böhmer, Plattlinger und Maschansker genauer aus? Champagnerrenette klingt edel und ist es auch. Apfelbrände tragen dazu bei, dass die alten Sorten die Anerkennung bekommen, die ihnen als Alltagstafelobst lange verwehrt blieb. Sortenrein und sorgfältig destilliert sind Apfelbrände überraschend filigran und delikat! Im Holz laufen sie oft zu noch größerer Form auf. Ein gut gemachter Apfelbrand gleitet angenehm weich die Kehle hinunter, ohne ein Gramm Zucker wohlgemerkt. Wie alle Destillate sollte er wohltemperiert sein. Ein Apfelbrand fühlt sich zwischen 16 und 18 Grad am wohlsten, also etwas kühler als ein normal beheizter Raum – keinesfalls kälter!
Selten gewordene Obstsorten zu brennen bedeutet, auf Schatzsuche zu gehen. Das gilt auch für Birnen.

Die Namen allein sind ein Versprechen. Gute Luise, Kaiser Alexander, Hardenponts Winterbirne, Sommerzitrone, Olivier de Serre, Butterbirne und die Pastorbirne gehören zu meinen Favoriten. Die Palabirne war zur halbvergessenen Sorte mutiert, bevor man ihre eigensinnige, man könnte sagen typische Vinschger Sturheit wiederentdeckte.

Im Obervinschgau begegnen einem allerorts alte Palabirnenbäume. Im Dorfzentrum und in Hinterhöfen stehen sie genauso wie einsam in der Landschaft. Der riesige, bis zu zwanzig Meter hohe Baum besitzt ausladende Äste sowie einen knorrigen Stamm und zeigt sich vom Vinschger Wind völlig unbeeindruckt. Die Palabirne hat viele Namen: Zuckerbirne, Plutzerbirne und Türkenbirne. Pilli-Palli-Birne gefällt mir besonders gut. Sie gilt als sehr gesund und wird nicht umsonst Apothekerbirne genannt. Als Tafelobst reißt die Palabirne fast niemanden mehr vom Hocker, zu groß ist die Konkurrenz der gefälligeren Birnensorten. Manche stören sich an dem körnigen Fruchtfleisch. Fürs Palabirnenbrot eignet sie sich allerdings hervorragend und fürs Brennen sowieso. Palabirnenbrände sind vielschichtige Angelegenheiten. Unaufdringlich, aber eindrucksvoll duften sie nach weißen und gelben Blüten und wecken Anklänge an Zitrusfrüchte. Manche entzücken mit nussigen Aromen, Rosenblättern und einem subtilen Mandelton. Wer Brände rarer Obstsorten trinkt, tut aktiv was für die Artenvielfalt! Nichts gegen Mister Williams Christ, der hat im 18. Jahrhundert auch mal

UNBEDINGT PROBIEREN

→ Apfelbrand Champagner Renette, **Manufaktur Weberhof**, *Kastelbell-Tschars*
→ Apfel- & Birnen-Brand aus alten Sorten, **Hofbrennerei Castel Juval Unterortl**, *Kastelbell-Tschars*
→ Apfelbrand Kalterer Böhmer, **Biobrennerei Steiner**, *Mals*
→ Apfelbrand Maschansker, **Brennerei Dr. Aichner**, *Sand in Taufers*
→ Birnenbrand Hardenpont, **Schnalshuberhof**, *Algund*
→ Gute Luise Birnenbrand, **Außerloretzhof**, *Laas*
→ Palabirnenbrand, **Biobrennerei Steiner**, *Mals*
→ Palabirnenbrand, **Marinushof**, *Kastelbell*
→ Plattlinger Apfelbrand, **Radoarhof**, *Feldthurns*
→ Quittenbrand, **Hofbrennerei Gaudenz**, *Partschins*

klein angefangen. Bis es ihm gefiel, direkt in der Schnapsflasche zu wachsen. Da hatten die anderen keine Chance mehr. Williams Christ wurde lange synonym zu Birnenschnaps gebraucht. Das hat sich mittlerweile geändert. Untereinander tragen die Menschen, die sich auf Brennen der alten Birnensorten spezialisiert haben, einen Wettbewerb aus. Keiner spricht offen drüber, aber alle fragen sich: Wer schafft es, die einzigartigen Aromen am besten einzufangen? Einen Birnenbrand zu machen, den es so kein zweites Mal gibt? Die mystische Seite der Destillation macht auch vor der Birne nicht halt.

Irgendwo zwischen Apfel und Birne bewegt sich die Quitte. Sie ist das Cello des Kernobststreichorchesters. Floral inspiriert bewegt sie sich zwischen Apfel und Birne, aber mit Tiefgang. Brennern gegenüber verhält sich die Quitte anspruchsvoll. Die Ausbeute ist gering. Rund 100 Kilogramm Quitten ergeben maximal vier Liter Quittenbrand. Der pelzige Flaum der Frucht und ihr hartes Fruchtfleisch bereiten große Mühe beim Einmaischen. Vor allem beim Flaum ist aufzupassen. Er enthält Öle, die ranzig werden können und den späteren Geschmack des Destillats beeinflussen. Auf ungünstige Weise – vornehm ausgedrückt! Ich kenne einen Brenner, der so leichtsinnig war, den Flaum dran zu lassen. Er bereut das bis heute. Und wehe die Maische gärt einen Moment zu lang und wird braun! Dann wird der Quittenbrand bitter und taugt allenfalls als duftende Händedesinfektion.

Wo die Sommer-zitronen blühen

HOFBRENNEREI CASTEL JUVAL UNTERORTL, KASTELBELL-TSCHARS

Martin Aurich lebt seit Jahrzehnten in Südtirol, doch der Berliner klingt durch. Sein Weingut thront hoch oben über Naturns, nur einen Steinwurf entfernt von Schloss Juval. Gemeinsam mit seiner Frau Gisela und der Bergsteigerlegende Reinhold Messner hat Martin es aufgebaut.

Schon im Elternhaus wurde gern Wein getrunken. Als Gymnasiast jobbte Martin in einer Weinhandlung in Berlin-Westend. Ab und zu fiel auch mal eine Flasche zu Boden. Das war lehrreich. „So lernte ich, wie ein Wein aus den Côtes du Rhône riecht." Martins Weine ähneln ihm. Sie erschließen sich nicht vorder-, sondern hintergründig. Trocken sind sie und mit einer tiefgründigen Leidenschaft ausgestattet.

Aber keine Sorge, wir hören jetzt sofort auf, über Wein zu reden. Wir sind schließlich der Spirituosen wegen hier! Hochgeachtet als Weinbauer, ist Martin mindestens genauso leidenschaftlicher Brenner. So leidenschaftlich, dass er sich seit gut zehn Jahren als Obmann für die Vereinigung der Südtiroler Hofbrennereien engagiert.

Dass Martin Grappa brennt, ist selbsterklärend. Er kennt schließlich jede Traube in- und auswendig, vom Rebschnitt bis zur Lese. Die Grappa „Vinea Juval“ gibt Müller-Thurgau, Blauburgunder, Weißburgunder und Riesling drei Jahre lang Gelegenheit, im Holzfass Freundschaft zu schließen. Der Weinhefebrand „Fermentum Nobilis“ ist so gelungen, dass ich meinen nächsten Urlaub am liebsten in einem Gärtank verbringen möchte.

Als Brenner steht Martin mit einem Bein in der Grappatradition des Südens und mit dem anderen in der mitteleuropäischen Obstbrenntradition. Für den Apfel-Birnen-Brand wählt er drei alte Birnen- und drei Apfelsorten aus. Die Birnen hören auf die wunderschönen Namen Sommerzitrone, Kaiser Alexander und Olivier de Serre. Die Äpfel heißen Kalterer Böhmer und Morgenduft. Die dritte Sorte zieht es vor, anonym zu bleiben, denn sie ist eine, „von der wir nicht wissen, was sie ist.“

Martins Zwetschgenbrand ist auch eine Herzenssache. Auf dem Weingut verteilen sich rund 150 Zwetschgenbäume, in Ecken und auf Vorsprüngen, also überall dort, wo Rebzeilen keinen Platz finden. Und da Martin nicht nur als Weinbauer gerne mit Holz spielt, kommt die Zwetschge drei Jahre lang in den Genuss der Fasslagerung, die Edelkastanie ebenfalls.

Martin brennt etwas, das es in Südtirol sonst nirgends in ein Schnapsglas schafft. Die Kornelkirsche. Die ist blutrot und eine uralte Kulturfrucht. Martins Sorte stammt aus Wien, wo Johann Lischka, seinerzeit Gärtner in Schönbrunn, die „Jolico“ züchtete. Der wärmeliebende Strauch wächst wild auf sonnigen Hängen und ist damit wie geschaffen für Unterortl. Dank seiner Festigkeit und Zähigkeit schätzten die Römer wie die Griechen das Kornelkirschenholz zur Herstellung von Speeren und Lanzen. Ötzi, der hier ganz in der Nähe vorbeiging, hatte einen Pfeil aus Kornelkirschenholz bei sich.

In Österreich kennen sie den Kornelkirschenbrand als Dirndlbrand. Bei Martin haben Sie die Qual der Wahl zwischen Brand, Spirituose und Likör. Sollte einem das Gemüt nach null Promille stehen, seien der Sirup oder die Konfitüre empfohlen. Die Kornelkirsche ist weder mit der Süß- noch mit der Sauerkirsche verwandt oder verschwägert. Erwarten Sie sich also kein gefälliges Kirscharoma. Aus dem Glas steigen rote Johannisbeeren empor, ein leichter Mandelton mit duftigen Reminiszenzen an grüne Oliven und einen Hauch schwarzen Trüffels. Da ist etwas angenehm Herbes, das sich nicht aufdrängt, aber dennoch Charakter hat. Wie der Brenner selbst.

INFOS

Hofbrennerei Castel Juval Unterortl
Juval 1B, Kastelbell-Tschars
Tel. +39 0473 667580, www.unterortl.it

Haute Couture aus der Hofbrennerei

HOFBRENNEREI GAUDENZ, PARTSCHINS

Es war einmal eine junge Modedesignerin, die ging nach Mailand. Dort lernte sie die hohe Kunst der Haute Couture. Schneiderte Neckholder, Boleros und Schleppen für den roten Teppich. Zurück in Südtirol tauschte Christine Schönweger die High Heels gegen Gummistiefel. Weil das Leben oft anders spielt als gedacht, begann sie, als Landwirtin anstatt mit Samt und Seide mit Äpfeln und Trauben zu hantieren.

Die Hofbrennerei Gaudenz auf dem Isserhof in Partschins ist Südtirols einzige Brennerei, die komplett in weiblicher Hand liegt. „Wo isn då da Brennmoasta?“, trampelte vor Jahren ein Bayer mit stattlichem Bierbauch zur Tür herein. Dass die Frau Brennmoastarin höchstpersönlich vor ihm stand, sorgte anfangs für Irritation. Doch da musste er durch. Eine Brennerin passt nicht in jedermanns Weltbild. Christines Bränden gelingt es allerdings mühelos, genau dieses ins Wanken zu bringen. Wow, die kann ja tatsächlich was, wird sich der eine oder andere widerstrebend eingestanden haben.

Jeder Brand ist ein Einzelstück. Puristisch gehalten und ohne Firlefanz. Kraftstrotzendes Holz oder strammen Push-Up mit Zucker sind hier fehl am Platz. Christines Vision ist denkbar einfach. Der Schnaps soll originalgetreu wiedergeben, was draußen am Baum und am Rebstock hängt. Sie ist Landwirtin durch und durch, brennt die eigenen Trester und die eigenen Äpfel. Als Apfelbotschafterin führt sie Interessierte durch die Apfelwiesen. Seit der Tour ist mir bewusst, wie wenig ich doch gewusst habe über den Apfel, der in meinem Einkaufswagen liegt. Unbedingt empfehlenswert, insbesondere mit Kindern!

Der historische Ansitz Gaudententurm ist so etwas wie ein Partschinser Wahrzeichen, sogar die Straße ist nach ihm benannt. Er beherbergt Hof, Weingut und Brennerei. Hühner laufen gackernd durch die Rebzeilen. Direkt daneben blüht ein parkähnlicher Garten. Im Sommer finden hier Lesungen, Kabarettabende und Rockkonzerte statt. Es ist eben wie in der Mode, mit deren Hilfe sich im Handumdrehen neue Identitäten erschaffen lassen. Heute bin ich Apfelbäuerin, morgen Winzerin und Kunstförderin, und übermorgen brenn ich. Es gehört alles zusammen. Runway und Feldweg. Die Weltstadt Mailand und das Dörfchen Partschins. Der Traktor und die Vernissage.

Diese Balance zu finden ist Christine nicht zugeflogen. Als sie damals, blutjung noch, in die Landwirtschaft einstieg und sich erdreistete, die bis dahin in der Gegend unüblichen Goldmuskatellerreben zu pflanzen, erntete sie von den anderen Bauern Skepsis und Spott. Die prophezeiten ihr Scheitern und staunten, als sich Christines Goldmuskateller als durchschlagender Erfolg erwies. Das Weingut hat Christine inzwischen an Sohn Felix übergeben, um sich neben der Landwirtschaft mehr dem Brennen widmen zu können.

Das Schnapsbrennen versteht Christine als Weiterveredeln. Kostbarer Brokat mit eingewirkten Goldfäden kommt schließlich auch erst als bodenlanger Mantel richtig zur Geltung. Christines Brände spiegeln die Freude an den Widersprüchlichkeiten des Lebens wider. Sie versprühen Leichtigkeit und sind doch ausdrucksstark und charaktervoll. Christines Brand von der Vinschger Marille gehört zu den elegantesten, die in Südtirol zu bekommen sind. Der Apfel-Himbeer-Brand ist eine Klasse für sich. Mit Holz geht Christine bedacht um, frei nach dem Motto, dass weniger mehr ist. Der Fuji-Apfelbrand darf zwölf Monate in einem neuen Holzfass des Südtiroler Fassbinders Mittelberger verbringen. Keinen Tag länger, denn das würde seine Fruchtfrische zum Verstummen bringen.

INFOS

Hofbrennerei Gaudenz
Gutshof Isser, Gaudententurmstraße 7, Partschins
Tel. +39 348 7341463, +39 349 5837483, www.hofbrennerei.com

Im Mondenschein: Schwarzbrenner

Das Verbotene fasziniert. Magazine drucken eine True-Crime-Sonderausgabe nach der anderen, Netflix entzückt mit Einblicken in die Welt der Hochstaplerinnen und Schwindler. Aber das ist alles nichts im Vergleich zu schwarzgebranntem Schnaps! Schätzungen zufolge kommen auf jede Flasche legal gebrannten Schnapses acht bis neun Flaschen Schwarzgebrannter.

Die Begrifflichkeiten sind sperrig. Was der Volksmund als Schwarzbrenner bezeichnet, ist im Bürokratendeutsch eigentlich ein Geheimbrenner. Ein Schwarzbrenner wäre dagegen eine Person mit Brennlizenz, die mehr Schnaps brennt, als sie darf. Am Ende ist es wurscht. Die Geheimbrenner nennen sich selbst Schwarzbrenner und dabei bleiben wir.

Einem Brenner zu begegnen, der in seinem früheren Leben Schwarzbrenner war, kommt durchaus vor. In alten Zeiten wurde fürs Schwarzbrennen gerne ein kupferner Waschkessel hergenommen. Schnell einen selbst gefertigten Hut draufgesetzt und fertig war die Destillationsanlage! Erwischen lassen durfte man sich natürlich nicht. Schwarzbrennen findet deshalb bevorzugt in der Nacht statt. Der in den USA geläufige Ausdruck „Moonshine Schnaps“ kommt nicht von ungefähr. Von Vollmondnächten lassen Südtiroler Schwarzbrenner allerdings die Finger – viel zu riskant!

Silvester ist ein wichtiger Tag. Die ganze Welt ist mit Feiern und guten Vorsätzen beschäftigt, niemand achtet auf den Rauch oder die Dampfentwicklung nebenan. Bei den Behörden verpetzt zu werden bedeutet nämlich nichts Gutes. Schlechtwetter ist günstig. Der Kessel lässt sich gefahrlos entleeren, weil Regen oder Schneefall Gerüche dämpfen. Und außerdem sind die Jäger der Finanzpolizei dann nicht so gerne unterwegs.

Den „Moonshine Schnaps“ trinkt der Schwarzbrenner nicht allein. Freunde, Barbetreiber und Skihüttenbesitzer sind dankbare Abnehmer. In nicht wenigen Fällen ist das berühmte Schnapsl, das aufs Haus oder die Hütte geht, nämlich eins, das es offiziell gar nicht gibt! Das sollte nicht

dazu verleiten, maßlos zu konsumieren. Der Leber ist es nämlich gleichgültig, ob der Schnaps legal gebrannt wurde oder nicht. Die Behörden sehen es weniger locker. Wird der Schwarzbrenner erwischt, wird die komplette Ausrüstung beschlagnahmt, es drohen Geld- und manchmal sogar Haftstrafe!

Warum überhaupt Schwarzbrennen? Es geht um die Gaudi und um ein willkommenes Zubrot. Und um den Kitzel des Verbotenen. Die Regierung besitzt das Branntweinmonopol und erhebt Steuern. Ohne Lizenz Schnaps zu brennen ist nicht erlaubt, auch nicht für den Eigenbedarf. Da haben Wein und Bier einen unfairen Vorteil. Und weil das so ist, hat Schwarzbrennen immer etwas vom Freiheitskampf. Einige Brenner legen Wert auf die Feststellung, dass sie gar nicht erst mit dem Schwarzbrennen begonnen hätten, wäre es legal.

Schwarzgebrannt wird in Südtirol überall, Hochburgen sind das Eisacktal, das Unterland und das Meraner Umland. Weil es dort Trester in Hülle und Fülle gibt. Buchstäblich in aller Munde sind die schwarzgebrannten „Whiskys“ alias Zwetschgenbrände aus dem Eisacktal. Im Pustertal und im Sarntal werden mit Vorliebe Vogelbeeren schwarzgebrannt. Im Volksmund ist die „Windlahner Hex“ ein Vogelbeerschnaps aus dem Sarntal.

Einer, den ich gut kenne, war so experimentierfreudig, Gras zu bren-

UNBEDINGT PROBIEREN

- → Castel Juval Zwetschgenbrand im Holzfass gelagert, **Hofbrennerei Castel Juval Unterortl**, *Kastelbell-Tschars*
- → Hauszwetschgenbrand, **Radoarhof**, *Feldthurns*
- → Windlahner Vogelbeerbrand, **Fischerhof**, *Girlan*
- → Vogelbeerbrand, **Außerloretzhof**, *Laas*
- → Vogelbeerbrand, **Pschnickerhof**, *Villanders*
- → Vogelbeerbrand, **Schwarz Brennerei**, *Mölten*
- → Zwetschgenbrand, **Brennerei Dr. Aichner**, *Sand in Taufers*
- → Zwetschgenbrand, **Köfelgut**, *Kastelbell-Tschars*
- → Zwetschgenbrand, **Schnalshuberhof**, *Algund*

nen. Und zwar nicht das von der Wiese. Er mazerierte eine ausreichend große Menge in Schnaps und brannte ihn ein zweites Mal. Ich hätte diesen Grasgeist gerne probiert, aber der Brenner winkte ab. „Es hat gerochen wie ein Mix aus Bioladen und Feinrippunterhemd. Das Zeug war einfach nur grässlich.“
Warum rutscht ein illegaler Brenner in die Legalität ab? Die Heimlichtuerei nervt auf Dauer. Irgendwann will der Brenner eine höhere Qualität erzielen. Schwarzgebranntes tendiert dazu, kratzig und scharf zu schmecken. Der Mythos wirkt trotzdem weiter. In Brennerkreisen bleibt man gerne für sich. Plaudert nichts aus und gibt keine Rezeptur preis. Die Vereinigung der Südtiroler Hofbrennereien ist eine Ausnahme.
50 Brenner und eine Brennerin tauschen Tipps und Tricks aus. Sogar zwei Gemeinschaftsbrände haben sie geschaffen, einen Apfelbrand und eine Grappa. Sie lagern in Holzfässern, über die Christine Schönweger wacht, das einzige weibliche Mitglied der Vereinigung. Sie werden in Kürze erhältlich sein.
Ich war bei einigen ehemaligen und dem einen oder anderen praktizierenden Schwarzbrenner zu Gast. Verpetzt wird niemand. Stellvertretend empfehle ich hier unten eine Reihe ausgezeichneter Zwetschgen- und Vogelbeerbrände. Die sind wohlgemerkt alle ganz legal gebrannt!

Opernfan im blauen Schurz

HOFBRENNEREI SCHNALSHUBERHOF, ALGUND

Es ist gut, dass Christian Pinggera mehr als zwei Dutzend Brände im Angebot hat. Er kommt gerne mit den Gästen ins Gespräch und diese Gespräche können dauern. Christian trinkt selbst so gut wie keinen Alkohol und hält sich lieber an Schnupftabak. Er trägt den traditionellen blauen Schurz und kommt auch sonst urwüchsig daher, zumindest auf den ersten Blick.

Irgendwie erwartet man sich das auf einem Hof, der 1318 erstmals urkundlich erwähnt wurde. Als Buschenschank besitzt der Schnalshuber Kultstatus. Christians Mutter Rosa hat ihn geerbt. Sie brät und brutzelt am Herd die perfekten Begleiter zu Christians Weinen und Edelbränden. Vater Hansjörg ist ausgebildeter Kunstmaler. Seine Werke schmücken die denkmalgeschützten Stuben.

Apropos Stuben! Die Wandverkleidung hat es in sich, besteht sie doch aus Zeitungen aus dem Jahr 1870. Das dünne Zeitungspapier diente damals als Tapetenuntergrund. Sollte beim Essen der Gesprächsstoff ausgehen, können Sie sich dem Nachlesen längst vergangener Skandale widmen und sinnieren, wie es früher eigentlich so war mit den Fake News.

Das Zeitungspapier versinnbildlicht die Atmosphäre auf dem Schnalshuberhof. Heimatliches Verwurzeltsein begegnet Weltoffenheit. Christian studierte Brauerei und Destillation in Wien und kam mit frischen Ideen im Kopf zurück. Nicht umsonst bezeichnet er sich als praktizierenden Freidenker. Freigedacht hat er sich im wahrsten Sinne des Wortes. Christian stellte den elterlichen, konventionell geführten Obst- und Weinbau auf biologische Landwirtschaft um. Gehadert mit der Entscheidung hat Christian nie, obwohl ihn so mancher ausgelacht und verspottet hat. Im Gegenteil, das stachelte ihn nur noch mehr an, frei nach dem Motto, denen zeig ich's! Bio ist eine Lebensphilosophie, auch beim Brennen. Etwas anderes als biologisch erzeugte Ausgangsprodukte kommt ihm nicht in den Kessel. Beim Brennen hört Christian Opern, am liebsten Richard Wagner. Wann sonst hätte er Zeit, so viele Stunden mit dem Lohengrin oder den Meistersingern zu verbringen?

Christian ist ein Suchender. Dass die Dinge auch mal schiefgehen, gehört dazu. Aus Fehlern lernt man zum Glück am meisten! Das gilt auch fürs Schnapsbrennen. Verkeimte Hefen sind so ein Fehler. Jeder Brenner kennt sie, kaum einer redet gern darüber. Christian nimmt kein Blatt vor den Mund. Verkeimte Hefen können zum Beispiel einen Milchsäurestich verursachen. Das Destillat riecht dann wie Joghurt. Genussfaktor in diesem Falle Null! Wenn das passiert, sollte man die Maische wegschütten und sich die mühevolle Destillation sparen, findet Christian. Alles schon gehabt, aus allem gelernt. Dass sich nicht immer alles kontrollieren lässt, liegt ihm als Bauern sowieso im Blut. Es schenkt eine gewisse Gelassenheit und Unerschrockenheit.

Ganz und gar nicht schiefgegangen sind Christians hochprozentige Kreationen. Einige pilgern allein des Orangenbrands wegen auf den Schnalshuberhof. Den Anisschnaps lege ich besonders denjenigen ans Herz, die sowas eigentlich nicht mögen, denn er ist leicht, frisch und angenehm herb. Zur Rezeptur hat Christian ein ledergebundenes Bibliotheksbuch aus den Zeiten der k. u. k.

Monarchie inspiriert. Er fügt dem Schnaps neben Anis einige andere Gewürze zu. Christian hat sie mir verraten, aber ich musste schwören, sie nicht weiterzuerzählen. Wer den Anisschnaps probiert, erkennt vielleicht das eine oder andere – viel Erfolg, es lohnt sich!

INFOS

Hofbrennerei Schnalshuberhof
Oberplars 2, Algund
Tel. +39 0473 447324, +39 335 5878822

Im Paradies der Fässer

PRIVATBRENNEREI UNTERTHURNER, MARLING

Willkommen in der Zeitmaschine. Wer über den Hof auf den von Zypressen umstandenen Ansitz Priami zugeht, wähnt sich im 15. Jahrhundert. Drinnen in der Enothek wird es ultramodern, genauso nebenan in der Brennerei, und zwar nicht nur architektonisch. Neben traditionell inspirierten, aber mit höchster Präzision hergestellten Bränden, Geisten und Likören tummeln sich Raritäten und Trendspirituosen.

Um einen Überblick zu gewinnen, sollten Sie sich Zeit nehmen. Und wenn möglich an einer Führung mit Seniorchefin Christine von Pföstl oder Destillateur Andreas teilnehmen.

Angefangen hat es, wie so oft, mit dem Schwarzbrennen. So lernte Gründer Ignaz sein Handwerk. Gemeinsam mit seiner Frau Luise, Bauerntochter und hochbegabter Unternehmerin, gründete er 1947 die Brennerei. Enkel Stephan führt das Unternehmen heute in der dritten Generation. Die Unterthurners waren die Ersten, die in Südtirol im großen Stil auf Beeren setzten, genauer gesagt auf Waldhimbeeren. Der „Waldler“ ist seit Jahrzehnten Kult, südlich wie nördlich des Brenners.

Die Unterthurners kennen sich aus mit Geisten, ergo auch mit Gin, denn der ist strenggenommen auch ein Geist. Die Botanicals mazerieren in Alkohol, der dann nochmals gebrannt wird. Der „Unterthurner Gin“ zeigt gintypische Wacholdernoten, erweist aber der Himbeere eine würzig-frische Hommage. Der Gin „Sanct Amandus“ ist ein Blend aus Wacholder-, Schlehen- und Himbeergeist. Auch der Eierlikör mit Himbeernote ließ sich von der kleinen roten Frucht inspirieren.

Unterthurner kann aber auch ganz anders. Von hier stammt Südtirols einziger Speck-Gin. Keine Sorge, den dürfen auch Vegetarier bedenkenlos genießen. Die Pustertaler Traditionsräucherei Metzgerei Steiner versorgt die Brennerei mit einem Mix typischer Pökelgewürze – geräucherter Wacholder, Lorbeer, Koriander, Piment und schwarzer Pfeffer. Das passt hervorragend zur Brettlmarende mit Speck und Schüttelbrot.

Mottogerecht brennt Unterthurner in der Raritätenbrennanlage auch einen Schüttelbrotbrand. Schüttelbrot ist ein knuspriges Roggenfladenbrot und heißt so, weil der Teig vor dem Backen geschüttelt wird. Der Brand reift 14 Monate in italienischen Eichenholzfässern. Mit seinen Aromen von Hefe, Fenchel, Kümmel, Vanille und Brot spielt er dem Gaumen als flüssiges Brot einen gelungenen Streich.

Apropos Fässer. In Marling schlummern Spirituosenprinzen und -prinzessinnen aller Art in mehr als 50 Fässern im Dornröschenschlaf, so zum Beispiel die 15 (!) Jahre alte „Burggräfler Grappa Stravecchia“. Der fassgereifte Kirschbrand hat zuerst 15 Monate in Kirsch-Tonneaux-Fässern verbracht und ist dann in Grappa-Fässer umgezogen. Der „Alte Apfel“, die „Alte Zwetschge“ und die „Alte Wildschlehe“ bringen es auf 12 Monate. Allen fassgelagerten Bränden ist gemeinsam, dass sich Würze und langer Nachhall mit Verspieltheit und Eleganz vereinen.

Besonders zugesagt hat mir der „Alte Bauernnusseler". Der Nusseler ist der Südtiroler Hausschnaps schlechthin. Dafür werden grüne Walnüsse und Gewürze zusammen mit Schnaps drei Wochen in die Sonne gestellt und dann abgeseiht. Unterthurner intensiviert und erweitert mit der Fassreifung das Aromenspektrum. Eine vollkommene Verbindung von Tradition und Moderne, bäuerlicher Tradition und handwerklicher Veredelung!

Wer so viel ins Holz legt, kommt am Rum nicht vorbei. Der Rum „U3" durfte für drei Jahre in kleinen Eichenfässern ruhen. Er schmeckt nach Trockenfrüchten, Kaffee, Schokolade und Lakritze. Passt perfekt zur Zigarre, auch zu der aus Schokolade.

INFOS

Privatbrennerei Unterthurner
A.-Pattis-Straße 14, Marling
Tel. +39 0473 447186, www.unterthurner.it

AC/DC
THE RAZORS EDGE
ACE OF SPADES

Wo die Schnäpse Soundtracks haben

PRIVATBRENNEREI WEZL, RIFFIAN

Wieder so eine Garage, in der weit und breit kein Auto zu sehen ist. Ich schiebe mich an Gärbehältern, Glasflaschenpaletten und Holzfässern vorbei. Es läuft ohrenbetäubend laut AC/DC und es gibt keinen Ausweg. Ich muss wissen, was es mit diesem Jochen Kofler auf sich hat! In der Brennerszene nennen ihn alle nur den „Wezl". So heißt Jochens Brennerei. Seine Brände seien genial, höre ich allerorten. Was bleibt mir anderes übrig, als rauszufinden, ob das Gerücht stimmt?

Jochen ist Ex-Koch, Ex-DJ und brennt in einer Garage. Das soll nicht darüber hinwegtäuschen, dass wir es mit einem Vollprofi zu tun haben. Der Wezl verwandelt seine Ideen mit schlafwandlerischer Sicherheit in Destillate. Auch wenn er wahrscheinlich niemals schläft! Meinen Berechnungen zufolge ist es schlicht unmöglich, dass Jochen mehr als eineinhalb Stunden pro Nacht mit Schlafen verbringt.

Erstens brennt der Wezl Tag und Nacht. Zweitens hat er zwei Kinder und führt mit seiner Partnerin Silvia die Brennerei mit zugehöriger Bar in Riffian. Letzthin war er auch noch in der Kinoproduktion „Joe, der Film“ zu sehen. Und obendrein sind seine Brände einfach unverschämt gut. Die passieren nicht einfach so. Da stecken Zeit und Mühe drin. Es liegt vermutlich daran, dass der Wezl Multitasking beherrscht, ganz im Gegensatz zu mir. Er schafft es zu telefonieren, sich angeregt mit mir zu unterhalten, einem Touristenpärchen eine Flasche Schnaps zu verkaufen und dabei laut Motörhead zu hören – alles gleichzeitig und während er brennt.

Die Frage, wie er das alles schafft, versteht der Wezl nicht. Was gemacht werden muss, wird eben gemacht, basta! Vielleicht war der Wezl in seinem früheren Leben ein Rockstar. Einer von denen, die zum achten Mal verheiratet noch mit Achtzig auf Welttournee gehen. Wezls Bränden schadet das Multitasking nicht, ganz im Gegenteil. Einheimische rennen ihm genauso das Garagentor ein wie Gäste von weither. Der Wezl ist bescheiden und weiß die Ehre eines jeden Besuchs zu schätzen. Eine Wand in der Garage ist seinem persönlichen „Walk of Fame“ gewidmet. Hier dürfen die Gäste unterschreiben.

Der Wezl ist regelmäßig ausverkauft. Für Jochen kommt es nicht in Frage, mehr zu produzieren. „Ich will mir selbst die Hände schmutzig machen. Um mehr herstellen zu können, müsste ich Leute einstellen.“ In einem Büro sitzen und anderen sagen, was sie machen sollen, interessiert ihn einfach nicht. Die Einzige, die ihm zur Hand gehen darf, ist Silvia. Ohne deren fleißige Hände und treffsichere Nase ginge es nicht.

Als ich Jochen besuche, brennt er eine Grappa aus Syrahtrestern. Das ist einmalig und in Südtirol sonst nirgends zu finden. Ich kenne auch keine andere Brennerei, in der jedes Destillat seinen eigenen Soundtrack hat. Der holzgelagerte „Apfelbrand Golden Delicious“ ist eine Hommage an Dylans „Knockin’ on Heaven’s Door“. Dem Brand von der schwarzen Holunderbeere passt „The Dark Side of the Moon“ von Pink Floyd wie angegossen.

Beim „Obstler2“ fragte ich mich, wie es sein kann, dass Dylan das Album „Oh Mercy“ genau für dieses Destillat komponiert hat. Vielleicht hat Wezl das in seinem früheren Rockstarleben ja so mit ihm abgesprochen, unter Kollegen sozusagen. „The Man in the Long Black Coat“ ist für den Brand aus Erdbeeren, Himbeeren, Brombeeren und Heidelbeeren wie geschaffen. Er ist aber auch in der Stille genossen ein überirdisches Erlebnis. Im Verkostungsraum steht jedenfalls ein Plattenspieler. Da Jochens LP-Sammlung rund 2000 Alben umfasst, wünscht man weiterhin viel Freude am Multitasking – für lauter laute und leise Brände.

INFOS

Privatbrennerei Wezl
Jaufenstraße 37, Riffian
Tel. +39 0473 241075, +39 335 8189433, www.wezl.it

Wie schmeckt eigentlich ein Felsen? Gin Alpin

Wir müssen über Gin reden. Ich weiß. „Nicht schon wieder!" höre ich Sie rufen. Mit Gin verhält es sich wie mit Süßkartoffelpommes und Plateausohlen. Anfangs wollen sie alle haben und kriegen gar nicht genug davon. Mit der Zeit tauchen jede Menge Varianten auf. Hier noch eine Prise ayurvedischer Gewürzmix, dort noch ein schwindelerregender Zentimeter mehr Sohle in Quietscheentengelb. Bis wir uns eines Tages eingestehen, dass normalhohe Schuhsohlen und herkömmliche, in Stifte geschnittene Erdäpfel eigentlich auch ganz toll sind.

Ganz so weit sind wir in Sachen Gin noch nicht. Die angesagten Bars strotzen nur so von abenteuerlichen Ginkreationen. Allerdings gleiten die Aromen hin und wieder ins Bizarre ab. Kiwigin und Rosenkohlgin muten noch harmlos an, die Botanicals für den „Moonshot Gin" haben immerhin das Weltall bereist. Was es mit Ameisengin und Elefantendunggin auf sich hat, überlasse ich Ihrer Fantasie. Es gibt sie wirklich, Ehrenwort. Gin gibt es überall, er ist deshalb ein tolles Reisemitbringsel. Sozusagen die etwas kostspieligere Alternative zum Kühlschrankmagneten.

Allerdings gehört es seit geraumer Zeit zum guten Ton, am Gin Tonic zu nippen und dann möglichst gedankenverloren zu sagen, „Ja, ja, Gin hat die Welle auch schon längst überschritten". Und dabei fragt man sich heimlich, wann man eigentlich wieder was anderes trinken darf. Vermouth Tonic soll auch nicht schlecht sein!

Der Gin wäre längst schon auf ungebremster Talfahrt, gäbe es seine alpine Spielart nicht. Denn die macht Gin richtig aufregend. Was genau ist alpiner Gin? Gebirgig sollte er sein, denn bei Gebirge denken wir an alles Mögliche. An Steilwände, Zirbenwälder, undichte Wasserflaschen und an die Blase an der linken Zehe. Welche dieser Assoziationen es dann in einen Gin schaffen, bleibt dem jeweiligen Gin-Artist überlassen. Die Südtiroler Ginspezialisten lassen sich hier nicht lumpen, denn Südtirol ist gleich Gebirge, eh klar.

Das Zauberwort des Gins lautet seit jeher „Wacholder". Traditionell gehörte der zum Gin wie die Zitrone zum Limoncello. Da in Sachen Gin mittlerweile nahezu alles erlaubt ist, muss sich der Wacholder zuweilen mit einem Platz in der zweiten oder dritten Reihe begnügen. In Südtirol darf der Gin noch ungeniert wacholderlastig sein. Wacholderbeeren oder Kranebitter gedeihen hier nämlich aufs Vortrefflichste. Deshalb tanzen sie im alpin geprägten Gin auch deutlich im Vordergrund. Es gibt allerdings ein Problem. Überall, wo es Berge gibt, haben sich alpine Gins eingenistet, einer origineller als der andere. Da reicht es nicht mehr, einfach nur guten Gin zu machen. Eine Story muss her. Von Botanicals, die man nur in einer Gletscherspalte findet. Von Waldbeeren, die dem zähnefletschenden Rachen eines Wolfes entrissen wurden. Von Quellwasser, das die sieben Zwerge in einer Vollmondnacht aus den sieben Bergen holen.

Genau deshalb habe ich eine Schwäche für Alpingin. Er sorgt dafür, dass ich mich kühn und halsbrecherisch heldenhaft fühle, auch wenn ich nur auf dem Sofa in meiner zentralgeheizten Wohnung sitze. Jeder Schluck entspricht ungefähr 100 Höhenmetern nackter Felswand. Nicht umsonst nennen einige ihrer Illusionen beraubte Brenner den Gin hinter vorgehaltener Hand das Fast Food der Spirituosen.

Alpine Gins dürfen selbstredend pur getrunken werden, ohne Eis. Ein Tonicwater verwässert die verwege-

UNBEDINGT PROBIEREN

- → Argintum Navy Strength, **Mount Becher**, *Ridnaun*
- → DolGin, **Zu Plun**, *Kastelruth*
- → Classic Gin, **Privatbrennerei Unterthurner**, *Marling*
- → Edelschwarz Organic Gin, **Almvollgas**, *Lana*
- → Gin, **Brennerei St. Urban**, *Girlan*
- → Gin „La vita è bella" Bio, **Gutsbrennerei Walcher**, *Eppan*
- → Nest Gin, **Traditum**, *Schnals*
- → Ötzi Gin, **Manufaktur Weberhof**, *Kastelbell-Tschars*
- → Piz 47, **Brennerei Ludwig Psenner**, *Tramin*
- → Z44 Distilled Dry Gin, **Roner Brennereien**, *Tramin*

nen Aromen, und das ist schade. Wenn die Zutaten schon so kurios sind, dass unsereins nicht genau weiß, ob es sich um Unkraut handelt oder um alchemistische Geheimzutaten, will man sie wenigstens schmecken und sagen können, „ich rieche ganz deutlich die Paradieskörner, die Schwarznessel drängt sie allerdings ein wenig in den Hintergrund." Sollten Sie sich mit Gin doch mal langweilen, gibt es zwei Möglichkeiten, den Abend zu retten. Besorgen Sie sich sämtliche Sorten Tonic, die Sie kriegen können, und experimentieren Sie. Welcher Gin passt am besten zu welchem Tonic? Die Kombinationsmöglichkeiten sind schier endlos und können für erhitzte Gemüter sorgen. An solchen Abenden sind schon Freundschaften zerbrochen und Ehen geschlossen worden. Eine weniger explosive Abendgestaltung besteht darin, den vielbesungenen Geheimzutaten auf die Spur zu kommen. Ist da nicht ein Hauch Löwenzahn, ein Duft von Waldameise?
Tipp: Bei Alpingin lohnt es sich, Zirbe, Fichtensprossen und Heu zu erschnüffeln. Eins davon war sicher dabei, und der Rest darf unbesorgt ein Rätsel bleiben. Hauptsache, es schmeckt nach Berg. Außer bei Walter Klotz vom Weberhof (S. 37). Er präsentiert die Zutaten für seinen „Ötzi Gin" unverkrampft in einem Einweckglas, zum Anschauen und Anriechen. Vor Nachahmern hat er keine Angst. „Die genaue Dosierung kenn' ja nur ich", grinst er.

Von Null auf Hundert

EDELSCHWARZ BIO GIN, GOMPMALM, SCHENNA

Männerfreundschaften drehen sich oft um Fußball, die perfekte Grillausrüstung oder Bier. Über die reden wir an dieser Stelle nicht. Wir reden über die Männerfreundschaften, die sich wirklich lohnen! Edelschwarz ist ein Gin, den es ohne Männerfreundschaft nicht gäbe. Helmuth alias Helli Gufler aus Schenna rief den „Edelschwarz“ ins Leben. Er selbst besaß noch keine Destille, aber zum Glück kam Jochen Kofler von der Brennerei Wezl in Riffian (S. 65) zu Hilfe. Er brennt den Gin, den Helli ausgetüftelt hat.

Helli ist 52. Man gibt ihm, ohne nachzudenken, mindestens acht Jahre weniger. Hat ihn das Bergquellwasser der Gompmalm so jung gehalten? Helli ist ausgebildeter Steinbildhauer und hat in Meran eine Diskothek geführt. Die meisten kennen ihn als Wirt der Gompmalm. Die war bekannt für ihre Festivals. Marla Glen, the Animals und viele andere sind hier schon aufgetreten. Helli steht für ein neues, hippes Südtirol, das keine Berührungsängste kennt. Nicht umsonst ist er jemand, der selbst mehrere Monate im Jahr auf Reisen verbringt. Das sorgt für frische Ideen, ist neuerdings allerdings ein bisschen schwieriger geworden, dem Erfolg des „Edelschwarz“ sei Dank.

Irgendwann wollte Helli auf der Alm einen eigenen Gin aufschenken. Das war 2016. Bio-Qualität sollte der Gin haben und einen klaren alpinen Bezug. Einen Namen für den Gin hatte Helli schon. „Edelschwarz" setzt sich zusammen aus Edel(-weiß) und Schwarz(-beere, das heißt Heidelbeere). Die sind beide drin im Gin. Die Flasche ist schwarz, was sonst.

Es war ein weiter Weg. Wie zum Teufel bekommt man eine Alm in die Flasche? Helli mischte Fichtennadeln, Preiselbeeren und Gebirgskräuter. In den in die Brennblase eingehängten Geistkorb legte er Edelweiß und Heu. Ein Jahr lang probierte Helli mit unterschiedlichsten Botanicals herum und war nie zufrieden. Der Gin schmeckte einfach nicht so, wie er ihn haben wollte. Nach den ersten zehn Bränden war Helli kurz davor, das Projekt fallen zu lassen. Nach einem Jahr existierten ganze 26 verschiedene Destillate. Dann hieß es erstmal warten, denn nach der Destillation machen die Aromen der Botanicals gerne ihr eigenes Ding. Zwei Monate gelagert kann so ein Gin ganz anders schmecken als gedacht. Das kann, muss aber nicht immer positiv sein!

Schlussendlich wählte Helli drei Favoriten aus, lud Freunde, Kollegen und Leute aus der Barszene ein: Großer Auftritt für die Proben. Die Aufregung war groß, so groß, dass Helli statt Probe 21 versehentlich Probe 22 aufschenkte. Ausgerechnet sie stellte sich als diejenige heraus, die die meisten Stimmen erhielt. Helli ließ die Probe 22 gegen Gins aus der ganzen Welt antreten. Am Ende fiel die Wahl stets auf die 22.

Der Rest ist Geschichte. Die erste Produktion von 600 Flaschen, die eigentlich eine ganze Almsaison hätte reichen sollen, war innerhalb von zehn Tagen ausverkauft. Inzwischen beschäftigt Helli vier Mitarbeiterinnnen und Mitarbeiter für den „Edelschwarz", die Produktion hat sich vervielfacht. Nicht wenig „Edelschwarz" wird andernorts als auf der Gompmalm getrunken. Mit Almquellwasser wird der Edelschwarzgin auf Trinkstärke von 47 Volumenprozent Alkohol heruntergesetzt. Die Südtiroler Spirituosenwelt

spekuliert schon eifrig, welchen Kunstgriff Helli als nächstes aus dem Ärmel schüttelt. Ich empfehle, die Gelegenheit wahrzunehmen, Helli auf dem Meraner Weihnachtsmarkt zu besuchen, wo der „Edelschwarz“ frische Austern begleitet. Berg trifft auf Meer. Was für mich klingt wie die pure Lust an der Provokation, ist ein großes Vergnügen für Augen, Nase und Gaumen.

INFOS

Edelschwarz
Gompmalm, Obertall 19, Schenna
Tel. +39 0473 949544, www.edelschwarz.it

Der Spirituosenkomponist

BRENNEREI FELSENRISS, VÖLLAN

Der Name ist Programm. Die Brennerei Felsenriss ist tatsächlich in einen Felsen hineingebaut. Das ist mindestens so kompliziert wie es klingt. Und Sinnbild für Markus Maurachers Vision. Er probiert gerne mal das Unmögliche. Als Newcomer unter Südtirols Brennern und einer der wenigen unter Dreißig.

Ein alter Hase ist er trotzdem. Schon als Grundschüler half er dem Vater, Trester in die Brennblase zu schaufeln. Markus wurde auf dem Fischerhof in Girlan (S. 109) groß, mit den Gerüchen blubbernder Maische und frisch getoasteter Eichenfässer. Vater Martin war Markus' erster und wichtigster Lehrer. Der ihn immer unterstützte, sein eigenes Ding zu machen, anstatt blind Althergebrachtes zu übernehmen. Und da Fördern bekanntlich auch Fordern bedeutet, warf Martin seinen Markus gerne mal ins kalte Wasser. Als Markus vierzehn war, war für einen Mirabellenbrand der Feinbrand zu machen. „So, jetzt brenn du mal, ich bin weg", sagte Martin und fuhr davon. Das war im wahrsten Sinne des Wortes die Feuerprobe. Markus bestand sie.

In die väterliche Brennerei einzusteigen hätte nahegelegen. Stattdessen absolvierte Markus Lehr- und Wanderjahre. Ließ sich in Dortmund zum Destillateur ausbilden und arbeitete in einer Brennerei an der Mosel. Das Studium der Getränketechnologie sattelte er obendrauf. Zurück in Südtirol ging es richtig los. Eine eigene Brennerei bedeutet nämlich mehr, als der Maische zuzuschauen, wie sie sich in ein Destillat verwandelt. Die Brennerei hat Markus buchstäblich in Handarbeit aufgebaut. Er flieste, spachtelte, pflasterte, schweißte. Gut, dass er als Gymnasiast zwei Sommer lang auf Baustellen gearbeitet hatte! Rückschläge sorgen dafür, dass es spannend bleibt. Die Heizung funktionierte lange Zeit nicht. Wer möchte in einer 12 Grad kalten Stube verkosten? Es gab nervenzehrende Probleme mit der Bürokratie, die neu erbaute Brennanlage in Betrieb gehen zu lassen.

Aber was soll's. Wenn es schwierig wird, fällt es leichter zu spüren, ob man das alles wirklich will. Markus will. Er kennt sein Handwerk, entwickelt Ideen, experimentiert. Er steht am Anfang, und der kann sich sehen lassen. Seine Obstbrände und Grappas zeugen von großem handwerklichem Können. Viel Herzblut steckt Markus in seine Liköre. Der Sauerkirschlikör basiert nicht auf dem oft üblichen Neutralalkohol, sondern auf Süßkirschenbrand mit einem Schuss Wildkirschenbrand. Derart verfeinert räkelt sich ein gehöriges Stück Schwarzwälder Kirschtorte im Glas. Dem Himbeerlikör hat Markus einen winzigen Schuss des eigenen Rums zugegeben, der gibt ihm Tiefe. Apropos Rum. Markus brennt ihn im leichten, fruchtigen Stil. Zu Aromen von Zimt und Haselnuss gesellen sich Pfirsich und Karamell. Markus destilliert den Rum so langsam wie möglich und lässt ihn im Barriquefass reifen, das die Kellerei Schreckbichl zuvor für die Vollendung ihres Lagreins benutzt hat. Das nenne ich Rum *South Tyrol Style*!

Wenn es die Zeit erlaubt, widmet Markus sich eigenen Kreationen. Die werden in Zukunft noch von sich reden machen. Für das „Feuerwasser“ hat Markus zwei Dutzend Rezepturen ausprobiert, getüftelt, getestet, verkostet und gerührt. Es duftet nach Zimt,

Gewürznelke, Sternanis und Kardamom. Ein Hauch Ingwer verleiht eine leichte Schärfe und Anklänge an frische Zitronen. Das orangerot-feurige Getränk ist bestens geeignet, an einem bitterkalten Wintertag das In-die-Hände-Hauchen zu unterstützen. Mit dem Vorteil, dass Markus' Feuerwasser sehr viel besser ausschaut als Glühwein. Wenn bei Ankunft milderer Temperaturen noch etwas übrig ist, trinkt es sich bestens mit Tonic auf Eis.

INFOS

Brennerei Felsenriss
Feldweg 2/1, Völlan (Lana)
Tel. +39 333 7015915, www.felsenriss.com

Italienisch durch und durch: Vermouth

Vermouth hat mit Wermut zu tun. Wermutkraut ist das Gewächs, von dem die meisten schon tausendmal gehört haben, aber nicht wissen, wie es aussieht. Es klingt irgendwie gesund. Aber nur wenn man seinen botanischen Namen ignoriert! Artemisia absinthium verlieh ausgerechnet dem berühmt-berüchtigten Absinth seinen Namen. Um die vorletzte Jahrhundertwende herum hatte die „grüne Fee" den Ruf, abhängig zu machen und für Wahnvorstellungen zu sorgen. Das tat dem Hype um die „Muse mit den grünen Augen" keinen Abbruch. Was aus Vincent van Gogh und Pablo Picasso ohne ihren exzessiven Absinthkonsum geworden wäre, darüber lässt sich ergebnisoffen spekulieren. Absinth-Aficionado Oscar Wilde gab zu bedenken: „Nach dem ersten Glas sieht man die Dinge so, wie man sie gern sehen möchte. Am Ende sieht man die Dinge so, wie sie sind, und das ist das Entsetzlichste, was passieren kann."

Das im Absinth enthaltene Wermutkraut enthält sogenannte Thujone, die, in größeren Mengen konsumiert, eine halluzinogene Wirkung entfalten. Auf Thujahecken trifft das, wie der Name schon andeutet, auch zu. Bloß trinkt man die normalerweise nicht. Forschende vermuten inzwischen, dass die Thujone damals gar nicht wirklich schuld waren. Absinth enthielt immerhin bis zu 90 Prozent reinen Alkohol meist schlechter Qualität. Er wurde selten solo genossen, sondern in Kombination mit anderen Rauschgiften. Die Wechselwirkungen dürften durchaus aufregend gewesen sein.

Der erhobene Zeigefinger der Anti-Absinth-Lobby reckte sich in ungeahnte Höhen, als an einem Augusttag im Jahr 1905 der Schweizer Weinbergarbeiter Jean Lanfray seine ganze Familie bestialisch ermordete. Dass der Mann vor der Bluttat jahrelang bis zu fünf Liter Wein täglich konsumiert hatte, schien vernachlässigbar, schließlich hatte er an jenem schicksalhaften Tag zwei Gläser Absinth gekippt. Das reichte, um ein Absinth-Verbot in den meisten Ländern Europas durchzusetzen.

Inzwischen sind sowohl Absinth als auch Wermut gründlich rehabilitiert.

Wermutkraut wird sogar eine Heilwirkung zugeschrieben. Sie mögen das glauben oder nicht, unumstritten ist jedenfalls die Genusswirkung – nirgendwo mehr als beim Vermouth. Nicht umsonst gehört er zu den Lieblingsgetränken der Italienerinnen und Italiener, und die müssen es schließlich wissen. Ein paar Jahrzehnte lang büßte Vermouth etwas an Popularität ein. Da aber inzwischen viele finden, dass sie genug Campari und Aperol getrunken haben, erlebt er eine beispiellose Renaissance.

Was ist Vermouth überhaupt? Vermouth basiert auf Wein, der mit Alkohol „aufgespritet" und mit Zucker und Kräutern versetzt wird. Allen voran Wermutkraut. Der Zucker macht dessen Bitterstoffe gefälliger. Turin ist unangefochtene Vermouthhauptstadt, aber getrunken wird er überall in Italien und zunehmend auch in Südtirol. Italienischer Vermouth ist ein Spiel zwischen bitter und süß. Im Glas entfaltet er eine Wucht von Aromen. Mich erinnert das immer an eine Konfettibombe.

Die großen Marken beherrschen den Markt. Sie werden in Berlin, London und Paris getrunken, in Mailand sowieso. Südtirol bietet mit seinen kleinen Produzenten ausgezeichnete handwerklich hergestellte Alternativen. Der „Sole e Luna Bianco" der Brennerei Walcher ist ein Get-together von dreißig verschiedenen Kräutern und Gewürzen in Bio-Qualität, darunter Holunderblüten, Rosmarin, Quitte und frische Minze. Der Vermouth „Rosso" von den Roner Brennereien basiert auf Vernatschwein vom Weingut Ritterhof und weckt mit Enzianwurzel

UNBEDINGT PROBIEREN

- → Vermouth Bianco Sole e Luna (Bio), **Gutsbrennerei Walcher**, *Eppan*
- → Vermouth Goldmuskateller, **Zu Plun**, *Kastelruth*
- → Vermouth Rosenmuskateller, **Zu Plun**, *Kastelruth*
- → Vermouth Rosso, **Roner Brennereien**, *Tramin*
- → Vermouth Rosso (Bio), **Gutsbrennerei Walcher**, *Eppan*
- → Vermouth Rosso, **Schwarz Brennerei**, *Mölten*

echtes Alpenflair. Mein Favorit ist der Vermouth der Schwarz Brennerei. Die Schwarz Brüder arbeiten mit Südtiroler Vernatschwein, spriten aber nicht mit Neutralalkohol, sondern mit selbst gebrannter Grappa. Der Bio-Kräuterhof Hauser im Pustertal liefert die Kräuter.
In der Barkultur ist Vermouth eine Celebrity ersten Ranges. Cocktails wie der Manhattan oder der Dry Martini sind ohne ihn undenkbar. Im Negroni ist Vermouth der rote Teppich, auf dem Campari und Gin im Blitzlichtgewitter kokett das rechte vor das linke Bein schieben. Puristisch Veranlagte schätzen den „Vermouttino". Die Zubereitung ist denkbar einfach. Vermouth, Sodawasser, Eis. Auf den Südtiroler Absinth warten wir noch.

Schwarzbrenner, ganz offiziell

SCHWARZ BRENNEREI, MÖLTEN

Um den Familiennamen beneidet sie eine ganze Zunft. Manuel und Christian Schwarz nehmen es lässig. Sie sind noch keine Dreißig, brennen aber schon ihr halbes Leben lang für den Schnaps. Zu Weihnachten wünschte sich Manuel ein Buch übers Schnapsbrennen, da war er zarte fünfzehn. Das Christkind sah das mit der Altersbeschränkung zum Glück nicht so eng. Andernfalls wäre die Südtiroler Brennerszene heute um einige großartige Brände ärmer.

Die Leidenschaft fürs Brennen war immer schon da. Richtig erklären können die beiden Brüder sich das selbst nicht. Vor ein paar Jahren wagten sie den Sprung ins professionelle Brennhandwerk. Die Destillata, die österreichische Vereinigung zur Präsentation und Prämierung bester Spirituosen, kürte die Brennerei erst kürzlich zum Nationensieger Italien.

Es kann kein Zufall sein, dass die zwei „Schwarzbrenner" ausgerechnet in Mölten auf dem Tschögglberg zu Hause sind. Auf der weiten Hochfläche zwischen Almen, Wald und Wiesen residieren noch zwei weitere Mölten Boys, die in der Genussszene ein Begriff sind. Josef Reiterer ist Südtirols unangefochtener Sekt-Guru.

Wolfgang Tratter wurde in St. Pauls zur Kellermeisterlegende und führt jetzt Josefs Sektkellerei Arunda. Die Freundschaft mit Sepp und Wolfgang ist Christian und Manuel wichtig. Das liegt wahrscheinlich daran, dass sie kommunikative Typen sind, mit Neugier und Offenheit ausgestattet. Stilles Vor-sich-hin-Tüfteln ist ihnen fremd.

Dazulernen gehört dazu. Manuel ging letztes Jahr nach Mexico und half einen Monat lang mit, Mezcal zu machen. Und das, obwohl es höchst unwahrscheinlich ist, dass wir in Südtirol in näherer Zukunft Agaven brennen werden. So rasant geht der Klimawandel dann doch wieder nicht vonstatten. Egal. Manuel wollte einfach wissen, wie sie anderswo Destillate herstellen, und das geht am besten, wenn man hinfährt.

Weltoffenheit und Heimatverbundenheit sind für die „Schwarzbrenner" kein Widerspruch. Am liebsten destillieren sie ihre Umgebung. „Wir arbeiten mit dem, was bei uns wächst!" Und davon gibt es wahrhaftig genug. Die meisten Früchte beziehen sie von Bauern aus der Umgebung. Frische in die Flasche zu zaubern und die Reinheit der Aromen zu bewahren, darum geht es. Fein, leicht und trotzdem sehnig-straff sind die Destillate von Marille, Gravensteiner Apfel und Quitte. Die Trester für die sortenreinen Grappas beziehen die Schwarzbrüder von der Kellerei St. Pauls.

Bei den Beeren toben sich Christian und Manuel richtig aus. Die intensiven Aromen einer Beerenfrucht in einem Destillat einzufangen erfordert handwerkliches Können und Fingerspitzengefühl. Doch wie eintönig wäre das Leben ohne ein paar knackige Herausforderungen! Die Vogelbeeren wachsen wild auf einer Meereshöhe um die 1800 Meter. Der Brand duftet anregend pikant und dezent nussig mit Anklängen an Amarena-Kirschen und Marzipan.

Die Brände von Apfelbeere (Aronia) und Holunderbeere lassen die Fruchtaromen geradezu aus dem Glas quillen. Die Aronia-

beere gebärdet sich kapriziös und ist berüchtigt für ihre geringe Ausbeute. Als Dank für die Bemühungen wandelt der Aroniabrand anmutig auf Zehenspitzen über den Gaumen und lässt in seiner Geschmeidigkeit nahezu vergessen, dass er neben der reinen Frucht tatsächlich auch Alkohol enthält.

Wie Christian und Manuel sind ihre puristischen Brände alles andere als Einzelgänger, sondern Teamplayer und daher großartige Speisenbegleiter. Der Quittenbrand begleitet einen würzigen Käse so gelungen, dass ich mich werde überwinden müssen, dazu jemals wieder etwas anderes zu trinken.

INFOS

Schwarz Brennerei
Möltner Straße 29, Mölten
Tel. +39 333 6949896 (Manuel), Tel. +39 340 7621149 (Christian)
www.schwarz-brennerei.it

Zero Alcohol meets Grappa

GUTSBRENNEREI WALCHER, EPPAN

Es mag ein wenig merkwürdig anmuten, mit Essig zu beginnen. Ich werde aber gleich erklären wieso. Die Brennerei Walcher spielt auf der gesamten Spirituosenklaviatur, von der Grappa bis zum Limoncello. Beinahe die Hälfte der rund 100 Produkte werden heute in Bio-Qualität produziert. Gegründet wurde die Brennerei 1966 von Alfons Walcher, der auf dem Turmbachhof in Eppan die ersten Flaschen Grappa herstellte.

Aber jetzt zum Essig. Die drei Walcherbrüder Mathias, Theo und Ferdinand legen Wert darauf, ihre Brennerei als kreativ zu bezeichnen. Stillstand ist nicht ihr Ding. Wer auf fünf Kontinente exportiert, ist selbstbewusst genug, sich hier und da auch mal auszuprobieren. Und wer sagt denn, dass es immer Alkohol sein muss? Die Linie „Free Spirits" umfasst den „Libertas Mediterranean Juniper" und eignet sich mit Wacholder- und Zitronennoten für einen exzellenten Gin-Tonic-Mocktail. Der „Libertas Old Malt Style" hat mit Holzaromen und dezentem Rauch einen klassischen amerikanischen Bourbon verinnerlicht. Ich wünsche viel Spaß bei der Mixology!

Wer neugierig auf typische Südtiroler Rebsorten ist, aber keine Promille anreifen lassen will, kann sich an den Rebsortenessigen der hauseigenen Genussmanufaktur in Kaltern versuchen. Ich nenne sie die alkoholfreien Grappas. Die gibt es sonst nirgends! Zusammen mit Sodawasser ergeben sie erfrischende Aperitifs. Davon können sich alle überzeugen, die einen Abstecher dorthin wagen.

Im mediterranen Genussgarten eröffnen sich Ausblicke Richtung Kalterer See und die Dolomiten. Die Verkostungslounge ist der Form eines Essigfasses nachempfunden. In einem Fass zu sitzen und alkoholfreie Spirituosen zu verkosten fand ich ziemlich cool. Natürlich dürfen Sie auch damit kochen. Wer hat in der Küche schon einen Grauburgunderessig oder Lagreinessig stehen? Oder gar so etwas Exotisches wie Zirbenessig, einen mit Granatapfel oder Datteln?

Die lockere Selbstgewissheit, die die Walchers an den Tag legen, erstreckt sich, wie könnte es anders sein, auch aufs Reich der Spirituosen. Sie tragen wohlklingende Namen. „La vita è bella“ und „Sole e luna“ heißen wie italienische Spielfilme, sind aber Gins in Bio-Qualität. Die Vermouths hören auf „Mezzanotte“ und „Tramonto“ und entführen direttissimo nach Italien. Die Aromen von Rosmarin, Zitronen und frischen Kirschen sind herrlich erfrischend. Wie die Essige sind die Vermouths Genre übergreifend. Man kann sie trinken und mit ihnen kochen – am besten beides gleichzeitig!

Wem das alles zu trendy ist, darf sich aufs Traditionelle besinnen, insbesondere die fassgelagerten Spirituosenraritäten. Die Trester für seine Grappas bezieht Brennmeister Mathias aus familieneigenen Weingärten in Eppan Berg und von namhaften Südtiroler Weinkellereien. Mit den fertigen Destillaten stellt er in Fässern dann einiges an, am liebsten in seltenen, edlen Hölzern.

So hat die „Grappa Lagrein“ 14 Monate im Barrique aus Maulbeerbaumholz verbracht. Es verleiht dem Destillat neben einer kräftigen Bernsteinfarbe Aromen, die von fruchtig-intensiv bis lieblich-schokoladig reichen. Die Grappa „Tyrolensis Imperiale Kirschfass“ kommt auf satte 50 Monate Reifung, doch der „Lagrinum XO“ wird da nach 83 Monaten im französischen Barrique nur müde lächeln. Wem der Sinn nach fein veredeltem, lang gereiftem Obstbrand steht, sei der „L'Or de Pomme XO“ empfohlen. Ein Brand vom Golden Delicious, der 73 Monate im Tonneau aus französischer Eiche verbracht hat. So viel Geduld besitzen nur wenige Calvados aus der Normandie.

INFOS

Gutsbrennerei Walcher
Pillhofstraße 99, Eppan an der Weinstraße
Tel. +39 0471 631145, www.walcher.eu

Nachhaltigkeit par excellence: Grappa

Ich will eine Lanze brechen. Für die gute alte Grappa, dieses sagenumwobene Getränk zweifelhaften Rufs. Dass es korrekterweise die Grappa heißen muss und nicht der Grappa, hat sich herumgesprochen. Um größtmögliche Verwirrung zu stiften, sei jedoch gesagt, dass nahezu alle Südtiroler Grappaproduzierenden standhaft von dem Grappa sprechen. Ich kann mich selbst nicht ganz entscheiden und werde dem Anlass gebührend hier einmal zwischen den Geschlechtern hin- und herwechseln.

Der Begriff „Grappa" leitet sich von „grappolo" ab, was schlicht Traube bedeutet. Grappa ist eine geschützte Ursprungsbezeichnung für in Italien aus italienischen Weintraubentrestern destillierten Edelbrand. Andernorts heißt er Tresterbrand, Treber oder Marc, sonst gibt es Ärger. Das ist so ähnlich wie beim Champagner oder Louis Vuitton. Um das Wirrwarr auf die Spitze zu treiben, sei angemerkt, dass italienische Gäste gerne alles Grappa nennen, was aus irgendeiner Maische gebrannt wurde, obwohl es beim, Entschuldigung, bei der Grappa immer um Trauben geht. Also Grappa *alle ciliegie* (Kirschen), *alle mele* (Äpfel) und so weiter. Das soll niemanden abschrecken, ebenso wenig wie die Tatsache, dass es sich bei der Grappa um eines der meistunterschätzten Destillate überhaupt handelt.

In der Pizzeria kommt kaum ein Gast um den Grappa herum. Normalerweise geht der Grappa aufs Haus, ist eiskalt und gesüßt – damit man ihn runterkriegt. Ein brennendes Gefühl im Magen und Kopfschmerzen ab den frühen Morgenstunden sind inklusive. Es ist unwahrscheinlich, dass man danach freiwillig nochmal einen Grappa anrührt, und das ist schade. Denn Grappa ist ein Hochgenuss. Sofern er gut ist!

Grappa wird aus Traubentrestern gebrannt. In Südtirol heißt so ein Tresterbrand auch Treber. Nirgends sonst leben die Grappatradition und die des Obstbrennens in so einträchtiger Harmonie zusammen wie hier. Das ist selbsterklärend. Südtirol ist Obstland und Weinregion. Es liegt nahe, das reichlich zur Verfügung

stehende Ausgangsmaterial zu nutzen. Nicht umsonst wird auf vielen Weingütern Grappa gebrannt. Die Trester sind sowieso zur Hand: übrig gebliebene Schalen, Fruchtfleisch, Stiele, Kerne und Stängel. Deshalb ist Grappa eines der nachhaltigsten alkoholischen Getränke überhaupt. Weil es in Südtirol nicht nur viele Trauben, sondern auch viele Rebsorten gibt, ist das richtig spannend. Die Rebsorte schmeckt durch, mit ein bisschen Übung ist das gar nicht mal so schwierig zu erkennen. Zwischen einer Grappa aus Goldmuskateller und einer aus Blauburgunder bestehen himmelweite Unterschiede. Südtirols Brennerinnen und Brenner verstehen die Grappa als ein Elixier, das die Essenz der Traube enthält. Vom Rachenputzer, als die die Grappa manchmal verschrien ist, keine Spur! Manche zuckern ein klein wenig nach, andere sind puristisch veranlagt und lassen die Finger davon. Da hilft nur Probieren. Die Grappa ist jedenfalls erwachsen geworden. Einst vorlaut und manchmal unbeholfen, trägt sie ihren Namen Edelspirituose heute völlig zu Recht.

Ein noch größeres Vergnügen bereitet Grappa, wenn er längere Zeit in einem Barriquefass zugebracht hat. Weinliebende wissen, dass Trauben und Eichenholz gut zusammenpassen. Es ist ein wunderbarer Zeitvertreib, auf einem Weingut zwischen den Reben herumzuspazieren, an einem Glas Wein zu nippen und anschließend ein Schlückchen vom dazu passenden Grappa zu genießen. Das habe ich bei Markus Seppi auf dem Oberpreyhof in Kaltern getan. Markus erklärt seine Produkte mit so viel Herzblut, dass ich mich

UNBEDINGT PROBIEREN

→ Grappa Blauburgunder, **Brennerei Ortler**, *Eppan*
→ Grappa Gewürztraminer Graf, **Algunder Kellerei**, *Meran*
→ Grappa Goldmuskateller, **Brennerei Ortler**, *Eppan*
→ Grappa Lagrein Barrique, **Brennerei St. Urban**, *Girlan*
→ Grappa Merlot Corposa, **Privatbrennerei Wezl**, *Riffian*
→ Grappa Riesling, **Marinushof**, *Kastelbell-Tschars*
→ Grappa Vernatsch aus dem Eichenholzfass, **Hofbrennerei Gaudenz**, *Partschins*
→ Grappa Weißburgunder-Sauvignon aus dem Eichenholzfass, **Brennerei Wezl**, *Riffian*
→ Lagrein Grappa, **Oberpreyhof**, *Kaltern*
→ Passito Grappa, **Haidnerhof**, *Brixen*

selbst an dem windigen, nasskalten Februarabend fühlte wie bei der Traubenlese in der Septembermorgensonne. Auf Gut Kaltenburg gibt es den traumhaften Blick auf den Kalterer See zum Grappa noch dazu. Niemand muss sich allerdings im Weinberg die Hände oder wenigstens die Schuhe schmutzig gemacht haben, um eine gute Grappa zu brennen. Es reicht, dank guter Beziehungen an hervorragende Trester zu kommen und das Handwerk zu verstehen. Die Grappa wird großartig sein! Ein Ort, den neugierige Grappaliebende unbedingt aufsuchen sollten, ist die Algunder Kellerei. Sie ist Merans einzige und Südtirols älteste Destillerie. Die Brennerei ist in einem kleinen, eher unscheinbaren Häuschen daheim, direkt gegenüber der trendigen „City.Vinothek“ der Kellerei Meran, wo sich Einheimische und Gäste „Gute Nacht“ sagen. Zu jeder Grappa können Sie sich den passenden Wein einschenken lassen, oder umgekehrt. Mir hat die Grappa „Gewürztraminer Graf“ am besten geschmeckt. Sie können, müssen aber nicht allein der Grappa wegen herkommen. Der donnerstägliche „Speck Aperitivo“ besitzt Kultstatus, die Sektherstellung ebenso.

INFOS

Oberpreyhof, Garnellenweg 2, Kaltern, Tel. +39 0471 962216, www.oberpreyhof.it
Gut Kaltenburg, St. Josef am See 7, Kaltern, Tel. +39 340 4521844, www.kaltenburg.it
Kellerei Algund, Lauben 218, Meran, Tel. +39 0473 237147, www.algunderkellerei.it

König Ortler und seine Trauben

BRENNEREI ORTLER, EPPAN

Wir sind nicht im Vinschgau, aber der Ortler ist trotzdem präsent. In Gestalt des Brenners, der heißt wie der Berg. Sein Leben ist ziemlich voll, in der Brennerei kommt er runter. Brennen sei wie eine Krankheit, sagt Alexander Ortler. Leider unheilbar, aber er könne sich damit arrangieren. Andere laufen Marathon oder singen im Männerchor, er brenne eben. So steht er da und kann nicht anders.

Alexander brennt in einer Garage. Wenn das Tor aufgeht, öffnet sich eine ganze Welt. Alexander verarbeitet eigene Trester und eigenes Obst. Er bestand darauf, mir die Apfel-, Quitten- und Zwetschgenbäume persönlich vorzustellen. Und das, obwohl ein eisiger Wind wehte und die Bäume noch nicht mal Blätter hatten. Ich würde ihn als einen der Puristen unter den Brennern bezeichnen. Gin oder Liköre sind nirgends zu sehen. Alexander findet, dass es etwas Edleres als Destillate schlicht nicht gibt. In einer Flasche Apfelbrand stecken fünf Kilogramm Äpfel, in einer Flasche Wein dagegen „nur" ein Kilogramm Trauben. Alexander hat insgesamt 15 Apfelsorten gebrannt, um auszuprobieren, welche Sorte die besten Ergebnisse liefert. Beim Gravensteiner ist er geblieben. Der ist mit seinen würzigen, nussigen Aromen erstaunlich komplex und straft die Behauptung Lügen, dass ein Apfelbrand etwas Simples, Eindimensionales sei.

Alexander hat gelernt, sich auf sein Gespür zu verlassen. „Bücher und Brenner sagen alle etwas anderes. Am Ende geht es darum, die Produkte so herzustellen, wie sie mir schmecken." Er scheut sich aber nicht, Hilfe in Anspruch zu nehmen. Das Abfüllen macht er mit Freunden. Als die Quittenernte vor ein paar Jahren mager ausfiel, startete Alexander eine Aktion auf Facebook. 20 Menschen brachten ihre Quitten vorbei, und Alexander hatte genug zum Brennen.

Beeren sind kompliziert, deshalb lassen viele Brenner die Finger von ihnen. Eine Erdbeere zu überreden, ihr Aroma einem Brand zu stiften, ähnelt dem Unterfangen mit Kamel und Nadelöhr. Alexanders Erdbeerbrand ist wie der Johannisbeerbrand hervorragend gelungen! Dann heißt es erstmal Ruhe im Glasballon. Alexander lagert seine Obstbrände mindestens vier Jahre lang, bevor er sie abfüllt. Manche davon auch im Eichenholzfass.

Hinter einem von der Zollbehörde verplombten Gitter lagern Delia und Emilian. Delia ist ein Apfelbrand und Emilian eine Grappa. Sie heißen nach Alexanders Kindern. Seinen fassgelagerten Nachwuchs darf Alexander allerdings nur besuchen, wenn der Zoll es gestattet. Delia und Emilian reifen im Solera-Verfahren. Das bedeutet, dass die Fässer übereinandergestapelt werden. Unten steht das älteste Fass, oben das jüngste. Wir kennen das vom Sherry oder vom Rum. Entnimmt Alexander unten einen Teil des Destillats, füllt er aus dem darüberliegenden Fass nach. Ganz oben wird mit jungem Destillat ergänzt. Das ist enorm aufwendig, aber so kann Alexander die Weichheit und Reife seiner exklusiven Brände sehr genau steuern. Wieder gilt: so lange tüfteln, bis es passt. Mutter Ricky ist Künstlerin und gestaltet jede dieser Flaschen von Hand, keine ist wie die andere.

Mit einer Goldmuskatellertraube lässt sich einiges anstellen. Eine Grappa brennen ist gängig. Man kann auch die Trauben brennen oder den fertigen Wein – für Traubenbrand oder Brandy. Ganz Mutige brennen den Hefesatz, der bei der Mostgärung übriggeblieben ist. Alexander tut alles. Wer sich was traut, sollte seinen Hefebrand probieren! Schmeckt unwiderstehlich nach Toastbrot, Hefe und Brioche. Die reine Champagneressenz, nur ohne Bläschen.

INFOS

Brennerei Ortler
Kreuzweg 9b, Eppan an der Weinstraße
Tel. +39 335 1051014, www.ortler.biz

Oh, du heiliger Urban, trink Whisky!

BRENNEREI ST. URBAN, GIRLAN

Whisky machen sie inzwischen überall. Spannend wird es, wenn Südtiroler Tüftler sich dran wagen. Handwerkskunst trifft auf Kreativität. Erwin Leimgruber ist so ein Tüftler. Und wie der tüftelt! Er überlässt nichts dem Zufall, jeder Brand ist bis ins kleinste Detail durchdacht. Und weil so viel Kreativität auch eine Menge Arbeit bedeutet, ist Erwins Sohn Felix mit im Boot. Von seiner Ausbildung zum Destillateur in Dortmund hat Felix jede Menge neue Ideen mitgebracht. In der Brennerei St. Urban werkeln zwei Eigenständige, die sich inspirieren und ergänzen.

Erwin und Felix bewegen sich kreuz, quer und höchst gekonnt durchs Spirituosenuniversum. Sie stellen Trester- und Obstbrände her, aber auch Liköre, Geiste und Rum, der in Rosenmuskatellerfässern der Kellerei Girlan lagern darf. Der Gin „St. Urban“ im fruchtig-mediterranen Stil ist in angesagten Südtiroler Bars zu Hause. Amalfi-Zitronen, rosa Grapefruit, schwarzer Pfeffer und Zimt sorgen für einen langen, würzigen Abgang – solo oder mit Tonic. Die St.-Urban-Flaschen sind echte Hingucker, denn sie ähneln eher Flakons als Schnapsflaschen. Ich denke unwillkürlich an Parfum oder andere kostbare Essenzen, und irgendwie liege ich damit nicht ganz falsch. Die Flasche Mandarinengeist hat mich fasziniert, innerlich wie äußerlich.

Der „St. Urban Single Malt“ ist ein besonderes Tüftelprojekt, das im Jahr 2018 seinen Anfang nahm. Erwin trinkt gerne Whisk(e)y aus aller Welt und hatte schon länger mit dem Gedanken gespielt, sich selbst daran zu versuchen. Nicht um irgendetwas oder irgendwen nachzuahmen, sondern um etwas Eigenständiges zu schaffen. Frei nach dem Motto, man muss nicht unbedingt Schotte, Japaner oder Kanadier sein, um einen Single Malt zu kreieren! Am meisten inspiriert haben Erwin schlussendlich die Whiskys der Brennkollegen, die er auf Wettbewerben verkosten durfte. Was Mitteleuropa hervorbringt und was es sich traut, das findet Erwin spannend. Um ein Produkt zu machen, das sich an der weltbekannten Spirituose Whisk(e)y messen lassen muss, und dafür einen ganz eigenen Ausdruck zu finden, erfordert Mut! Erwin hatte ihn.

Ein echter Südtiroler Whisky musste her! Erwin und Felix beziehen die Gerste von der Privatbrauerei Antonius, die seit 2012 die Südtiroler Bierszene aufmischt. Für die Reifung im Holzfass holten sie sich Unterstützung von keinem geringeren als Willi Stürz, begnadeter Kellermeister der Kellerei Tramin. Dessen Gewürztraminersüßwein „Passito Terminum“ ist weit über Südtirol hinaus ein Begriff. Willi vergärt im Frühwinter edelfaule Trauben, die bis in den Dezember hinein am Rebstock eintrocknen durften. Der hochkonzentrierte Most vergärt extrem langsam, bis zu neun Monate lang.

Den Single Malt in den Fässern des „Passito Terminum“ reifen zu lassen kommt einem Geniestreich gleich. Zur malzigen Gerstensüße gesellt sich der Trockenbeerenauslese sei Dank die Fruchtigkeit von Pfirsich, Aprikose, Birne und Mango. Das Holz gibt Karamell, Kaffee und etwas Schokolade dazu. Da braucht es sonst nichts, keine Schokolade und keine Zigarre. Außer vielleicht ein Schlückchen des goldfarbenen Süßweins „Passito Terminum“ vorneweg.

Das erschließt die Whiskyaromen auf eine ungeahnte und immer wieder neue Weise, je nachdem ob Sie den drei-, den vier- oder den fünfjährigen Single Malt verkosten. Alle lohnen sich. Ihre Blutsverwandtschaft ist deutlich erkennbar, und doch ist jeder einzigartig.

INFOS

Brennerei St. Urban
Lammweg 13, Girlan (Eppan)
Tel. +39 339 1211328, +39 338 5027226, www.st-urban.it

Karibikflair trifft Bergluft: Rum

Bei Rum instinktiv an eine Hängematte unter Palmen zu denken, an Che Guevara und Piratenschätze, kommt einer Zwangshandlung gleich. Sigmund Freud hätte seine helle Freude. Rum wäre im Grunde ein fürchterliches Klischee, wenn er nicht so unberechenbar wäre. Rum ist nämlich nicht gleich Rum. Es kommt immer darauf an, wo er herkommt und wer ihn gemacht hat. Die ganze Welt trinkt ihn und trotzdem bleibt Rum ein Außenseiter. Dem Rum ist es wurscht, dass er eine globale Spirituose ist. Er muss sich nicht anbiedern. Rum ist rebellisch und nimmt sich seine Freiheiten. Er darf sein, wie er will. Mit Zucker versetzt oder eher trocken, züchtig im Alkohol oder ungehemmt in Fassstärke. Ob fruchtig oder rauchig, leicht oder schwer, es gilt das Prinzip des Laisser-faire; Rum geht ins Fass oder auch nicht. Wenn er will, kleidet er sich farblos, trägt aber auch gerne mal Gold oder fast Schwarz. Rum lässt sich nicht vereinnahmen und behält sich immer ein Stück seiner Autonomie. Deshalb passt er gut zu Südtirol, obwohl es (noch) kein tropisches Klima gibt und weit und breit keine Piraten zu sehen sind. Immerhin hatten wir früher Raubritter, das ist praktisch dasselbe – nur eben auf dem Berg und nicht auf den sieben Weltmeeren.

In Südtirol lebt es sich wie in einer Modelleisenbahnanlage. Alles ist sauber, gepflegt und einfach nur schön. Das Wetter passt eigentlich immer. Trotzdem ist das Leben in Südtirol nicht aller Sorgen ledig. Das Verhältnis zum italienischen Staat ist, höflich ausgedrückt, vertrackt. Wir leben vom Tourismus und das nicht schlecht, klagen aber über allseits verstopfte Straßen zur Ferienzeit, hohe Lebenshaltungskosten und darüber, dass Wohnmobile unsere Anwohnerparkplätze besetzen. Angesichts solch tiefgründiger Schönheit und innerer Zerrissenheit tut es gut, tief drinnen eine rebellische Ader zu pflegen. Die lässt sich im Rumgenuss wunderbar ausleben. Rum basiert auf Zuckerrohr. Das wächst in Südtirol natürlich nicht. Es kommt über Bremen oder Amsterdam aus fernen Ländern zu uns.

Vergären lässt sich der Zuckerrohrsaft oder, wie es in den meisten Fällen geschieht, die Melasse. Sie ist ein zäher Zuckersirup, der bei der Zuckerproduktion entsteht. Die Melassenmaische ist nichts für schwache Nerven. Sie schäumt schlimmer als eine volle Badewanne, in die versehentlich eine ganze Flasche Wellnessauszeitglücksschaumbad reingerutscht ist. Zum Glück geht die Gärung schnell und innerhalb weniger Tage vonstatten. Jeder Rumbrenner ist heilfroh, wenn er das Gebrodel endlich dem Brennkessel überlassen kann.

In Südtirol gibt es nur eine Handvoll Rhumiers, aber die haben Kreativität und Fantasie für eine ganze Schiffsladung Piraten. Das betrifft vor allem die Reifung. Die findet in Südtirol bevorzugt in Weinfässern statt. Von denen haben wir als Weinregion wahrhaftig genug. Wozu Fässer her karren, in denen Sherry, Madeira, Cognac, Bourbon oder sonst was lagerte? Das sollen die anderen machen. Während die Melasse von weit her kommt, bleiben wir bei den Fässern strikt lokal. Markus Mauracher (Brennerei Felsenriss) lagert seinen Rum in Ex-Lagreinfässern. Im Glas schmeißt der Rum einen Auftritt hin, der David Guetta vor Neid erblassen lassen würde. Am Mikrofon singt das Zuckerrohr mit Aromen von Zimt und Pfirsich. Das Eichenholz begleitet mit Karamell, Haselnuss und subtilen Raucharomen. Für den Beat sorgen die Lagreinaromen, mit Beerenfrüchten und Anflügen von Lakritze. Die Brennerei St. Urban reift ihren Rum im Rosenmuskatel-

UNBEDINGT PROBIEREN

- → Dolomites Rhum, **Zu Plun**, *Kastelruth*
- → Rum Amber Selection Organic Bio, **Gutsbrennerei Walcher**, *Eppan*
- → Rum, **Brennerei Felsenriss**, *Völlan*
- → Rum, **Brennerei St. Urban**, *Girlan*
- → Rum, **Fischerhof**, *Girlan*
- → R74, **Roner Brennereien**, *Tramin*
- → U3, **Privatbrennerei Unterthurner**, *Marling*

lerfass. Die Roner Brennereien wagen den Übertritt in ein verwandtes, ebenfalls südtiroltypisches Genre – und gewinnen. Sie lagern ihren Rum in Fässern, die vorher mit dem Apfelbrand „Caldiff" belegt waren. Cross-Genre ist einfach immer einen Versuch wert – wenn man weiß, wie!

Südtiroler Rums sprechen den lokalen Dialekt und passen deshalb fabelhaft zwischen Berg und Tal. In der Südtiroler Küche ist Rum sowieso kein Unbekannter. Denken Sie nur an den Apfelstrudel, die Krapfen oder an den Zelten. Dass wir nicht in der Karibik sind, steht außer Frage. Südtiroler Rum würde es nicht im Traum einfallen, dem Gaumen mit der gefälligen Süße zu schmeicheln, wie wir sie von woanders kennen. Er ist herb und trotzdem angenehm weich. Die inneren Widersprüche verflechten und verweben sich zu etwas Eigenem. Südtiroler Rum ist im wahrsten Sinne des Wortes autonom. Unter Lärchen statt unter Kokospalmen. Ein Liegestuhl macht sich auch auf einer Almwiese gut.

(Frei-)Geist aus der Flasche

BRENNEREI FISCHERHOF, GIRLAN

Auf dem Fischerhof brennen sie seit über 100 Jahren. Und zwar legal! Der Name macht allerdings stutzig. Auf dem Hochplateau Schreckbichl werden Trauben angebaut, soweit das Auge reicht. Was denn für Fische, bitte schön? Die ersten Hofbesitzer waren arme Schlucker. Notgedrungen unternahmen sie den Fußmarsch ans Etschufer, um zu fischen und den Fang zu verkaufen.

Der Hof wuchs und gedieh, die kargen Zeiten sind lang schon passé. Der Name blieb kleben. Schreckbichl gehört zu den vorzüglichsten Weinlagen Südtirols. Mittendrin baut Familie Mauracher Trauben und Äpfel an. Die Trauben gehen an die Kellereigenossenschaft Schreckbichl, doch einen kleinen Teil keltert Martin Mauracher selbst ein. Mit ihm auf der rebenumrankten Terrasse zu sitzen, ein Gläschen Sauvignon Blanc zu genießen und zu plaudern ist ein guter Auftakt. Richtig spannend wird es, wenn es ums Schnapsbrennen geht. Da fängt es in Martins Augen zu lodern an.

Ursprünglich war auch das Schnapsbrennen der Notwendigkeit geschuldet. Großvater Heindl konnte sich von einer Schnapssaison immerhin einen ganzen Ochsen kaufen! Martin leistete ihm

als Kind beim Brennen Gesellschaft. Es war Winter, drinnen in der Brennerei war es kuschelig warm, und der Großvater erzählte Geschichten. Für mich ist Martin unverfälscht südtirolerisch. Südtirolerinnen und Südtiroler sind sprichwörtlich tüchtig. Manchmal artet ihr Fleiß in Arbeitswut und Perfektionismus aus. Und trotzdem sind da eine ungebändigte Lebenslust und eine Freude am Genießen, die ansteckend sind. Dieser Spagat macht die Menschen in Südtirol zu den legendären Gastgebern, die sie nun mal sind. Da reicht ihnen so schnell keiner das Wasser, aber wir bleiben hier sowieso beim Schnaps.

Die Menschen hier können sich gut an Gegebenheiten anpassen. Irgendwo tief drinnen bewahren sie sich aber einen Widerspruchsgeist. Und wehe, man unterschätzt den! Sie haben ihren eigenen Kopf, basta. Martin Mauracher verkörpert das in Reinform. Die

Gastfreundschaft liegt ihm im Blut. Er nimmt aber kein Blatt vor den Mund, auf eine augenzwinkernde, unaufdringliche Weise.

Im Fischerhof lassen sich Grappas, Obstbrände und Liköre entdecken. Die hofeigenen Zwetschgen schlummern in destillierter Form im Barriquefass vor sich hin, bevor sie als „Alte Zwetschge" für Erweckungserlebnisse im Glas sorgen. Für den „Goldapfel" hat Martin Apfelbrand mit frischen Äpfeln angesetzt. Dieser macht seinem Namen alle Ehre. Mit einem Gläschen des samtigen, buchstäblich goldenen Elixiers zwischen den Apfelwiesen umherzuschlendern kommt einem Ausflug ins Märchenparadies gleich.

Immer dasselbe tun ist Martins Sache nicht. Seit einigen Jahren produziert er Gin und Rum. Den Rum lagert er in Barriquefässern, in denen zuvor Lagrein gehaust hat. Die gebrannte Zuckerrohrmelasse steuert Noten von Banane und Ananas bei, das Holz gibt Karamell und den Duft gebrannter Mandeln dazu. So weit, so konventionell. Wenn nur der Vormieter namens Lagrein nicht wäre! Er bringt sich mit Aromen von Lakritze und Beerenfrüchten in Erinnerung. Dieses Cross-Genre-Erlebnis im Glas habe ich nicht so schnell vergessen!

Dass jemand wie Martin Whisky macht, erklärt sich von selbst. Es passt zur Harley Davidson, die er sich vor ein paar Jahren zugelegt hat. Den Whisky brennt er aus Pustertaler Gerste und reift ihn in Fässern vom Bozner Fassbinder Mittelberger. Also Südtirol pur! Der Whisky bekommt vier Jahre Zeit, sich Aromen von Honig, Gewürznelken und Bienenwachs anzueignen. Im Glas ist er unaufdringlich, aber mit Haltung. Ein echter Südtiroler Freigeist eben.

INFOS

Hofbrennerei Fischerhof
Schreckbichl 12, Girlan (Eppan), Tel.+39 0471 660627
www.fischerhof-mauracher.it

ADOUR
491
31/10/17
ADOUR
492
31/10/17
472
19/10/17
473
25/10/17
474
25/10/17
455
25/10/17
456
25/10/17
436
19/07/16
437
20/07/16
438
20/07/16

Freidenken mit Methode

BRENNEREI LUDWIG PSENNER, TRAMIN

Das Weindorf Tramin liegt direkt an der ehemaligen römischen Via Claudia Augusta. Auf dieser ersten europaverbindenden Handelsstraße über die Alpen sind bis zum heutigen Tag unzählige Menschen und Ideen unterwegs. Doch damit nicht genug. An solch einem Ort des kulturellen Austauschs muss es einfach Schnaps geben. Tramin ist nicht zufällig bis heute eine Hochburg der Schwarzbrenner. Die ziehen jedes zweite Jahr am Faschingsdienstag sogar auf einem eigenen Wagen durchs Dorf!

Wen wunderts, dass sich genau hier zwei große Schnapsbrennereien angesiedelt haben. Die futuristisch anmutende, lichtdurchflutete Brennerei Ludwig Psenner ist als Treffpunkt für Menschen, Ideen und Emotionen gedacht. Mittwochs führt Eigentümer Werner Psenner höchstpersönlich durch die Brennerei. Und es ist ihm egal, ob drei Leute dabei sind oder dreißig. Er bewegt sich nirgends lieber als in der Welt der Spirituosen, denn die ist frei, bunt und verrückt. Liebend gern lässt er andere daran teilhaben.

Großvater Ludwig war Tresterhändler und baute nach dem Zweiten Weltkrieg eine erste Brennerei für die Grappadestillation.

Dank der Etschbegradigung waren Äpfel und Birnen bald in Hülle und Fülle vorhanden. Da hatte Ludwig eine Idee, die im damaligen Italien ziemlich revolutionär war. Er beschloss, Williamsbirnen sortenrein zu brennen. Als Erstklässler spazierte Werner mit ihm bei sengender Hitze durch die Obstbaumreihen und inspizierte die Birnen in spe.

Ludwig war geborener Unternehmer und ein Pionier ersten Ranges. Mitte der 1950er flog er als erster Traminer nach Amerika, um der Eröffnung von Disneyland beizuwohnen. Wie stolz war Werner, einen Opa zu haben, der die Micky Maus persönlich kannte! Ludwig reiste aber nicht nur zum Vergnügen. Er nutzte die Gelegenheit und kaufte eine ganze Schiffsladung voll Traktoren bei Massey Ferguson ein. Heute noch sieht man mitunter einen dieser 100 Traktoren in der Gegend um Tramin herumfahren.

Walter als Vertreter der zweiten Generation ging überlegter vor und war mehr dem Detail zugetan. Exzentrisch-schräge Hobbies wie Akrobatikfliegen gestattete er sich aber schon. Werner sieht in sich beide Seiten, Ludwigs Impulsivität und Risikofreude und Walters abwägende Besonnenheit. Er ging zunächst raus in die Welt, studierte und nahm sich seinen Freiraum. Mit Mitte Dreißig kehrte er zurück und übernahm den Betrieb, aus Verpflichtung der Familie gegenüber und aus Leidenschaft. Denn Können ist das eine, Wollen das andere.

Die Ursprünge der Brennerei liegen in der Grappa, die Obstbrände brachten den weltweiten Erfolg. Werner ging noch einen Schritt weiter und versuchte sich an der Fassreifung. Sich weiterzuentwickeln ist ihm ein Grundbedürfnis. Es bedeutet immer auch, sich freizudenken. Der „eRètico“ führt das eindrucksvoll vor Augen. Er ist ein fruchtig-würziger, leicht rauchiger fünfjähriger Whisky, der in Grappafässern auf die Welt kommt und seinen letzten Schliff in Sherryfässern bekommt. Der siebenjährige „eRètico“ hängt noch zwei Jahre im Süßweinfass dran, die ihm einen sanften Schmelz verleihen.

„eRètico“ trägt seinen Namen im doppelten Sinne. Das antike Volk der Räter siedelte hier bereits vor über 2000 Jahren. Wir sind wieder mal bei den Wurzeln! Im Italienischen ist ein „Eretico“ ein Mensch, der eine freie und im wahrsten Sinne des Wortes eigene Wahl trifft. Also einer, der sich freidenkt. Der „eRètico“ eignet sich perfekt für einen lässigen Sonntagnachmittag zuhause auf der Terrasse. Es ist nicht zu warm, nicht zu kühl und man hat nichts vor, außer den Tumbler mit einem Splitter Eis drin ganz sachte hin und her zu schwenken. Das hilft beim Freidenken enorm.

INFOS	**Brennerei Ludwig Psenner** Bahnhofstraße 1, Tramin an der Weinstraße Tel. +39 0471 860178, www.psenner.com

Weil Williams weiblich ist

RONER BRENNEREIEN, TRAMIN

Wir sprechen von einer Südtiroler Traditionsbrennerei ersten Ranges. Die Roners waren ursprünglich Schwarzbrenner. Das darf ich schreiben, weil es wirklich ewig lange her ist. Präsident Andreas Roner kam 1940 auf die Welt und begann früh, fürs Brennen zu brennen. Das Gros der Vierjährigen mag auf dem Spielplatz die Nachmittage vertrödeln, nicht so Andreas. Für ihn gab es nichts Schöneres, als Vater Gottfried beim Schnapsbrennen zuzuschauen.

Das lodernde Feuer unterm Kessel gefiel Andreas so gut, dass er eines Tages die Streichhölzer stibitzte und begann, die neben der Tür aufgestapelten Holzscheite in Brand zu setzen. Glücklicherweise gelang das nicht.

Andreas ließ sich nicht beirren. Als seine Altersgenossen heimlich auf dem Kartoffelacker Moped fuhren und taten, was man in der beginnenden Pubertät eben tun muss, legte er seine ersten Nachtschichten am Brennkessel ein. Dafür gab es am nächsten Tag auch mal schulfrei. Andreas machte die Roner Brennereien groß. Das Unternehmen liegt bis heute fest in Familienhand. Und die ist mittlerweile weiblich. Die Töchter Karin und Gudrun sind mit Branntweingeruch in der Nase groß geworden und führen das Unternehmen heute. Andreas ist stolz, dass sie seine gute Nase nicht nur geerbt, sondern auch an die Enkelinnen Carmen, Elke und Eva weitergegeben haben. Elke arbeitet im Labor der Brennerei, Eva führt in Kaltern das Weingut Ritterhof.

Roner besitzt drei räumlich getrennte Brennereien: die Grappabrennerei, die Geistbrennerei und die Obstbrennerei. Dementsprechend vielgestaltig ist das Sortiment und umfasst neben klassischen Edelbränden auch zahlreich prämierte Gins, einen Brandy, Rum, Liköre und Trendspirituosen. Weil hier so viele Frauen unterwegs sind, finde ich es passend, an dieser Stelle über Williamsbrände zu reden. Erstens, weil Roner wie nur wenige andere Südtiroler Betriebe geradezu synonym für Williamsbrand steht. Und zweitens, weil ein Birnenbrand per se weiblich ist. Das behaupten ausnahmslos alle, die Birnen brennen. Apfelbrände gelten als maskulin. Sie sind muskulöser, oft etwas lauter im Auftreten und, wen wunderts, tendenziell etwas einfacher gestrickt. Wenn man sie aber am Arm packt und ins Holzfass schubst, können sie sich hocherfreulich entwickeln. Roners „Caldiff Privat" mit seinen üppigen Aromen von Vanille, Honig und Bratapfel ist ein wahrer Musterknabe!

Die Birnenbrände von Roner bestechen mit Eleganz und Finesse. Die Zeiten, in denen nach der Birnenblüte tatsächlich die Flasche über die sich entwickelnden Früchte gestülpt wurde, sind vorbei. Das tut dem Vergnügen keinen Abbruch, ganz im Gegenteil. Für eine Flasche „Williams Reserve" müssen immerhin ganze neun Kilogramm Birnen ihr Leben lassen. „Luisa" ist die moderne Interpretation eines Williams. Die kupferfarbenen Flaschen sind der Brennblase nachempfunden. Gemäß der schottischen Tradition, den Brennblasen weibliche Namen zu geben, nannten die Roners die ihrige Luisa. Als Hommage an die Gründerin Luisa, Frau von Gottfried. Sie wirkte im Hintergrund, wie damals so viele (Ehe-) Frauen. Auf dem Traminer Rathausplatz können im „Arona" sämtliche Roner-Spezialitäten verkostet werden. Pur oder in Form reiz-

voller Kompositionen. Die Bar mit Bistro führt nämlich Marion Reichegger, diplomierte Barkeeperin, die regelmäßig an internationalen Cocktailwettbewerben teilnimmt.

Ein Mann darf bei Roner auch mitmachen. Helmut Oberhofer ist Brennmeister und im Ehrenamt Notfallseelsorger. Denn Alkohol löst bekanntlich die Zunge, aber keine Probleme. Das weiß niemand so gut wie ein Brenner.

INFOS

Roner Brennereien
Josef-von-Zallinger-Straße 44, Tramin an der Weinstraße
Tel. + 39 0471 864000, www.roner.com

CHORLTON WHISKY
The
GLENTURRET
12
FINN
THOMSON
WHISKY

Wo es Engel besonders dürstet. Whisky

Wer an Südtirol denkt, denkt nicht zwingend an Whisky. Torfwiesen sind alles andere als verbreitet und obendrein nebelt und nieselt es selten. Andererseits, warum nicht? Wenn Neuseeland, Bolivien und Israel Whisky machen, wird Südtirol es doch auch können. Südtirolerinnen und Südtiroler können alles, wenn sie denn wollen. Südtiroler Whiskys sind dünner gesät als Grappas und Obstbrände. Es lohnt sich aber, sich auf die Suche zu machen! Eine gute Handvoll Brenner beschäftigt sich in Südtirol mit Whisky. Das hat etwas mit Ehrgeiz zu tun. Und mit Maßstäben. Auch diejenigen, die gar nicht auf die Idee kämen, jemals einen Whisky zu brennen, vergleichen ihre holzgelagerten Zwetschgen- oder Apfelbrände gerne mit Whisky. „Probier' mal, wie gut der ist! Wie ein Whisky!" Diesen Satz habe ich unzählige Male gehört. Fragt man die Eisacktaler, ist Whisky „made in Südtirol" ein alter Hut. Barbian und Villanders besitzen eine lange Tradition schwarzgebrannter Zwetschgenschnäpse und im Eisacktaler Slang heißt der „Zweschper" Whisky, seit jeher. „Freiheit und Whisky gehen zusammen", sprach schon Robert Burns, schottischer Nationaldichter, und der musste es schließlich wissen. Wer im Eisacktal über die Abkürzung „VW" stolpert, dem sei gesagt: damit ist keine Automarke gemeint, sondern besagter „Whisky" aus Villanders. Wenn die Nase Glück hat, riecht sie neben Zwetschgen Mandeln, Rosenblüten und Nougat.

Irgendwie passt der Whisky nach Südtirol. Je weiter Sie hinaufsteigen, desto rauer und herber wird die Landschaft. Sogar Nebel stellt sich zuweilen ein. Unsere Südtiroler Highlands sind natürlich viel higher als die schottischen. Schottlands höchster Berg Ben Nevis bringt es gerade mal auf schlappe 1.345 Meter! Und wenn wir schon beim Thema sind, die Grundlage schottischen Whiskys ist schließlich Gerste. Gerste gehört zu Südtirol wie der blaue Schurz oder die Almhütte. Gerstsuppe und Whisky passen zusammen. Probieren Sie es doch mal aus.

Der erste Südtiroler Whisky kam vor gut einem Jahrzehnt im Obervinsch-

gau auf die Welt. Dort verwirklichte Albrecht Ebensperger Italiens erste Whiskydestillerie (S. 21). Den Engeln zum Trotz. Die gebärden sich hierzulande maßlos. Auf der ganzen Welt finden sich Whiskybrennerinnen und -brenner damit ab, dass der Fassfüllstand der natürlichen Verdunstung seinen Tribut zollt. In Schottland sind es circa zwei Prozent Verlust pro Jahr und pro Fass.

Die Engel müssen schließlich auch von irgendetwas leben. Am Ende ist es auch so gewollt, denn die Verdunstung sorgt dafür, dass die Aromen sich konzentrieren und intensivieren.

In Südtirol sind die Engel unverschämt durstig. Das Klima ist trockener als in Schottland, im Winter ist es kälter, im Sommer viel heißer. Der Angels' share schlägt gehörig zu Buche. Bei Puni in Glurns ist das Fass nach acht Jahren Reifezeit halb leer. Vielleicht haben die hiesigen Engel einfach größeren Durst als anderswo – oder sind zahlreicher. Die Gäste kommen des Genusses wegen hierher, warum sollen die Engel es ihnen nicht gleichtun? Dolce Vita ist schließlich für alle da.

Ein Single Malt kommt immer aus einer einzigen Destillerie und basiert ausschließlich auf gemälztem Getreide. Kein Malt schmeckt wie der andere, das ist nicht nur in Schottland so. Nicht umsonst hat das Whiskybrennen den Ruf der Königsdisziplin. Es kommt auf die Gerstensorte an, die Malzrezepturen, den Prozess des Mälzens, das verwendete Wasser. Von der Fassreifung ganz zu schweigen! Südtirol kann übrigens auch Whiskey! Was Manni Volgger (S. 161) aus Traminer Mais vom Römerhof brennt, steht einem Bourbon Whiskey aus Kentucky in nichts nach.

UNBEDINGT PROBIEREN

- → Botzer Whisky, **Mount Becher**, *Ridnaun*
- → eRètico, 5 Jahre, **Brennerei Ludwig Psenner**, *Tramin*
- → eRètico, 7 Jahre, **Brennerei Ludwig Psenner**, *Tramin*
- → Puni Sole, **Puni Distillery**, *Glurns*
- → Puni Vina, Marsala Edition, **Puni Distillery**, *Glurns*
- → St. Urban Single Malt, **Brennerei St. Urban**, *Girlan*
- → Whisky, **Fischerhof**, *Girlan*

Natürlich muss die Brennanlage halten, was sie in Sachen Whisky verspricht. Ohne Kupfer geht es beim Brennen nicht. Kupfer ist säurebeständig, Weltmeister in puncto Wärmeleitfähigkeit und entfernt mit seiner katalytischen Wirkung Verbindungen aus Maische und Destillat, die den Geschmack des Endprodukts empfindlich stören würden.

Südtiroler Whisky schmeckt wie die Gegend, aus der er kommt. Kräftig und herb, aber ohne grob zu sein. Heimatverbunden mit Einflüssen aus fernen Gestaden. Er lupft den Hut höflich-verbindlich gen Norden und nickt fruchtig-verspielt nach Süden. Südtiroler Whiskys finden sich direkt in den Brennereien oder im gut sortierten Fachhandel. Wenn ich Südtiroler Whisky auf den Prüfstand stellen möchte, schaue ich zum Beispiel bei „Hofer Market" in Sterzing vorbei. Dort stehen mehr als 400 verschiedene Whiskys und Whiskeys aus aller Welt bereit. Ich hatte bereits mehrmals das Vergnügen dabei zu sein, wenn Junior-Chefin Sabine zu öffentlichen (und kostenfreien!) Verkostungen mit dem eigens angereisten Whiskyexperten Joe Riedmüller einlädt.

INFOS

Hofer Market
Brennerstr. 21, Wiesen/Pfitsch (Stadtrand Sterzing)
Tel. +39 0472 765152, www.hofermarket.it

24

Lagrein reloaded: Ein Portwein wie kein zweiter

FRANZ GOJER, GLÖGGLHOF, KARNEID

Lagrein gehört zu Südtirol. Fans feiern seine kraftvolle Urwüchsigkeit und die tiefgründige Aromatik, die an Brombeeren, Lakritze und Bitterschokolade erinnert. Kritische Stimmen sehen das anders. Ihnen ist der Lagrein schlicht zu rustikal. Südtirols Kellermeisterinnen und Kellermeister sind geteilter Meinung. Nicht alle machen Lagrein mit Liebe. Er werde nun mal gerne getrunken. Tja, man kann es sich nicht immer aussuchen.

Ich befinde mich irgendwo in der Mitte. Nehme den Lagrein in Schutz, wenn er ungerechterweise schlecht gemacht wird. Und freue mich, wenn ich einen anderen tollen Südtiroler Roten trinken darf, einen Blauburgunder oder einen Cabernet Sauvignon. Wie auch immer Sie zum Lagrein stehen, der „Pipa" vom Glögglhof ist eine Offenbarung. Der wurde aus Lagrein gemacht und ist unbedingt zu probieren.

Gebrannt wird auf dem Glögglhof nicht, aber wir befinden uns trotzdem im Reich der Spirituosen. Das Zauberwort heißt Portwein. Der lebt eigentlich in Portugal. Aber der Reihe nach! Der „Pipa“ ist das Ergebnis einer Urlaubsreise. Man kennt das ja: Daheim schüttelt man den letzten Sand aus den Schuhen und beschließt, endlich Tango tanzen zu lernen und den Segelführerschein zu machen? Der „Pipa“ war so eine Urlaubsidee. Vor rund zwanzig Jahren reiste Franz Gojer ins portugiesische Dourotal und war hingerissen vom Portwein. Diese Kraft, diese tiefgründige Eleganz!

Franz beschloss, sich an seiner Interpretation des Portweins zu versuchen. So manche Urlaubsidee schafft es nicht, sich in den Alltag hinüberzuretten. Sich gegen Team-Meetings, Elternabende und Steuererklärungen zu behaupten ist nicht immer leicht. Franz half es natürlich enorm, dass er ein Weingut besitzt – mit Reben, Gärbehältern, Fässern und allem, was es so braucht, wenn man auf die verrückte Idee kommt, in Südtirol einen Likörwein als Hommage an den Portwein zu machen.

Verrückt ist die Idee deshalb, weil Portwein ein fortifizierter, süßer Wein ist. So etwas hat in Südtirol überhaupt keine Tradition. Fortifizieren bedeutet Spriten. Spriten wiederum heißt im konkreten Fall, der friedlich vor sich hin gärenden Maische aus spätgelesenen Lagreintrauben Weinbrand zuzugeben. Das unterbricht jäh die Bemühungen der Hefen, sämtlichen in den Trauben enthaltenen Zucker in Alkohol zu verwandeln. Arme Hefen! Sie sterben eines unnatürlichen, qualvollen Todes. Der gespritete Wein darf sich im Holzfass einige Jahre lang von den Strapazen erholen. Zur Belohnung adelt Franz ihn mit dem Titel „Pipa“, in Anlehnung an die unverwechselbaren Portweinfässer.

Wenn man hier oben auf der Terrasse steht, die einzige Korkeiche Südtirols im Rücken, hinunter ins Tal gen Bozen schaut und die Augen zusammenkneift, könnte man sich glatt im Dourotal wähnen. Mit einem Schluck „Pipa“ geht das noch besser. Franz’ Sohn Florian hat im vergangenen Jahr den Hof übernommen und trägt die verrückte Idee weiter. Portwein passt ausgezeichnet zu Bitter-

schokolade. Deshalb lässt das Südtiroler Unternehmen Karuna Chocolate für den Glögglhof eine 75-prozentige Bitterschokolade reifen – im Lagreinfass! „Affinato in barrique" heißt das auf Italienisch und schmeckt genauso elegant, wie es klingt.

Aber bevor wir hier nur über Schokolade reden, kehren wir zurück zum Lagrein. Als Likörwein im *Ruby style* duftet er herrlich intensiv nach vollreifen Kirschen und Waldbeeren. Der mitunter etwas spröde Gerbstoff und die Säure, die dem Lagrein manchmal vorgeworfen werden, entpuppen sich als ideale Gegenspieler von Süße und Fruchtigkeit. Da ist sie, die viel besungene Komplexität, die man dem Lagrein manchmal abspricht. Saúde!

INFOS

Franz Gojer
Glögglhof, Karneider Str. 31, Karneid
Tel. +39 0471 978775, www.gojer.it

Keine Angst vor Zucker! Liköre

Wer sich vor Zucker fürchtet, sollte weiterblättern. Wir wissen zur Genüge, dass Zucker eine unterschätzte Gefahr darstellt. Nicht wenige nennen ihn in einem Atemzug mit dem Darknet, der 'Ndrangheta, den Taliban und Fracking. Die Auswirkungen des Zuckers auf das nahende Ende unserer Zivilisation werde ich an dieser Stelle ignorieren und mich stattdessen seinen glücksfördernden Eigenschaften widmen. Süß ist manchmal einfach sexy.

Die Likörwelt ist groß und im wahrsten Sinne des Wortes bunt. Sowohl Früchte als auch Kräuter lassen sich in Likören hervorragend unterbringen, von Sahne, Kaffee, Nüssen und Eiern ganz zu schweigen. Süß mag nicht jeder, andere kennen nichts Besseres. Am Likör scheiden sich die Geister, auch in der Brennerszene. Einige lehnen alles Gezuckerte ab, manche halten Likör sogar für Teufelszeug. Dank des etwas niedrigeren Alkoholgehalts trinke man automatisch mehr, die Alkoholsucht sei praktisch vorprogrammiert.

Andere schwören auf Liköre, ganz besonders wenn es um Fruchtliköre geht. Früchte sind sowieso schon süß, was kann es also Schöneres geben als einen Fruchtlikör? Likörverfechter wollen die Fruchtaromen unverfälscht in die Flasche bringen und dabei auf die Zugabe von Aromastoffen verzichten. Das nenne ich fruchtecht. Ein guter Likör ist intensiv aromatisch und niemals pappig oder klebrig.

Likörmachen liegt in Südtirol oft in Frauenhänden. Woran liegt das? „Wir Männer haben nicht das sensorische Feingefühl", sagte mir ein Brenner. „Einen Likör zu machen ist schwieriger als man meint. Da braucht es eine extrem gut geschulte Nase." In Südtirol werkeln tatsächlich überdurchschnittlich viele Likörfrauen. Irene Struffi aus Tramin ist eine davon. Für die Roner Brennereien (S. 117) entwickelt sie neue Liköre. Dabei hilft ihr ihr olfaktorisches Ausnahmegedächtnis. Irene, die auch auf den Spitznamen „die Nase" hört, ist in der Lage, mit Hunderten von Gerüchen und Aromen ein Produkt zu komponieren – ohne sie tatsächlich zu riechen. Im Alltag ist Irene entsprechend sensibel,

was aufdringliche Gerüche angeht. Parfümerien sind für sie der blanke Horror.
Einen Likör zu designen bedeutet aber mehr, als ein paar Säfte mit Alkohol und Zucker zusammenzuschütten. Irenes Liköre entstehen zuerst im Kopf. Von den gefühlt 100 Ideen muss sie mindestens zwei Drittel aussortieren. Erst dann wird geschüttelt und gerührt. Ungefähr 10 schaffen es in die Kategorie „trinkbar". In der engeren Auswahl landen drei oder vier. Mit dem „Zenzi" hat Irene italienische Dolce Vita ins Glas gelockt. Pfirsich und Ingwer veranstalten ein Wechselspiel aus fruchtig-süß und würzig-scharf.
Auf dem Reichneggerhof in Lana ist Gabi Höllrigl die Königin der Liköre. Im Jahr 2014 erkrankte sie schwer. Es wäre beinahe zu spät gewesen, hätte ein Krankenpfleger nicht gerade noch rechtzeitig den Notruf abgesetzt. Ihm und dem Helikopter verdankt Gabi ihr Leben. Umgeben vom Piepsen und Blinken auf der Intensivstation, nahm Gabi sich ein Versprechen ab. Sollte sie das überstehen, würde sie sich den lang gehegten Wunsch einer Brennerei mit Likörwerkstatt erfüllen. Der „Flugretter" ist das likörgewordene Dankeschön an ihre Lebensretter. Holunderbeeren stehen für die Süße des Lebens, der schwarze Pfeffer für die Watsche, die einem das Leben manchmal verpasst.
Keine Erzählung über den Südtiroler Likör wäre vollständig ohne den Eierlikör. Eierlikör ist ein Emulsionslikör. Ich will niemanden mit technischen Details langweilen, aber dass eine Emulsion eine Herausforderung ist, wissen alle, die schon mal an einer Mayonnaise verzweifelt sind. Eierlikör galt lange

UNBEDINGT PROBIEREN

- → Biostilla Limoncello, **Gutsbrennerei Walcher**, *Eppan*
- → Birnenlikör, **Fischerhof**, *Girlan*
- → Eierlikör mit Himbeere, **Privatbrennerei Unterthurner**, *Marling*
- → Flugretter, **Hofbrennerei Reichneggerhof**, *Lana*
- → Himbeerlikör, **Brennerei Felsenriss**, *Völlan*
- → Kaffeelikör, **Schwarz Brennerei**, *Mölten*
- → Kirschlikör, **Biobrennerei Steiner**, *Mals*
- → Nusseler Likör, **Schwarz Brennerei**, *Mölten*
- → Quittenlikör, **Brennerei Felsenriss**, *Völlan*
- → Zenzi, **Roner Brennereien**, *Tramin*

Zeit als altmodisch, hat aber dank Retro-Chic eine Renaissance erlebt, die ihresgleichen sucht. Die ebenfalls sehr beliebte, italienische Variante des Eierlikörs heißt Bombardino. Sie wird mit einem Schuss Rum oder Whisky versetzt und erhitzt getrunken, am liebsten auf Skihütten. Was die Wirkung des Bombardino betrifft, kommt die Assoziation mit „bombastisch“ und „Bombardement“ nicht von ungefähr.

Eierlikör stammt eigentlich aus Brasilien. Niederländische Kolonialisten schauten ihn sich vor Jahrhunderten von der indigenen Bevölkerung ab. Grundlage waren nicht Eier, sondern Avocados. Die wurden ihrer schrumpeligen grünen Haut wegen Alligatorbirnen genannt. Leider wollten sie in Europa partout nicht wachsen, so mussten Hühnereier herhalten. Für eine vegane Version des Eierlikörs können Sie problemlos zur Urrezeptur zurückkehren, da Avocados auch in unseren Breitengraden inzwischen flächendeckend erhältlich sind. Aus Avocado, Zucker, Rum und Mandelmilch lässt sich ein cremiges Getränk herstellen. Es ist dem Eierlikör optisch gar nicht mal so unähnlich, sehen wir vom grünlichen Farbverlauf mal ab. Aber den kennen wir ja schon von den Detox Smoothies.

INFOS

Hofbrennerei Reichneggerhof
Ultner Straße 10, Lana
Tel. +39 333 3128691, www.reichneggerhof.com

Fleißig wie die Bienen: Die Honig-Connection

OBERKORERHOF, EGGEN

Ohne Bienen läuft gar nichts. Das weiß inzwischen jedes Kind, und Honig gibt es ohne sie erst recht keinen. Im Eggental erfreuen sich die ansässigen Bienenvölker so guter Gesundheit, dass es sogar für Honiglikör reicht. Mein Bienenwissen dümpelte jahrzehntelang auf dem Niveau der Biene-Maja-Zeichentrickserie dahin, aber das hat sich gründlich geändert.

1350 Meter Meereshöhe, Eggental. Nach links schweift der unverbaubare Blick zum Rosengarten, nach rechts zum Latemar. Es ist so ruhig, dass sich Bienengesumm als Ruhestörung klassifizieren ließe. Hier würde ich auch gerne auf Erkundungsflug gehen. Aber da ich ein pflichtbewusster Mensch bin, bleibe ich auf dem Boden und verkoste Honiglikör. Wer bei Honiglikör angewidert das Gesicht verzieht, muss jetzt weiterlesen. Jitka Mahdalikovas Honigliköre sind von süß und pappig so weit entfernt wie das Wattenmeer von einem Gipfelkreuz. Jitka stammt ursprünglich aus Brno in Tschechien und lebt seit Jahrzehnten in Südtirol. Mit Spirituosen kennt sie sich bestens aus, hat sie doch lange das Bozner

Zollamt bei der Schnapsregistererstellung unterstützt. Es ist ein Glücksfall, dass sie ausgerechnet einen Imker namens Lukas geheiratet hat. Jitka kündigte ihren Job und begann, Honigliköre herzustellen. Lukas' Bienen tragen zu ihren mehrfach preisgekrönten Likören nicht nur die Süße bei, sondern auch ganz besondere Aromen.

Weil wir in den Dolomiten sind, ist der Honiglikör mit Latschenkiefer Pflicht. Der Honig stammt genau wie die verwendeten Latschenkiefern von den Hochgebirgswiesen der Eggentaler Almen auf 2000 Metern. In einer Juli-Nacht kutschiert Lukas alljährlich 16 Bienenstöcke à 45.000 Bienen für eine zehntägige Sommerfrische hinauf. Obwohl die Bienen lieber ans Meer fahren würden. Das Ergebnis ist ein High-End-Produkt im wahrsten Sinne des Wortes. Lukas und Jitka empfehlen die Latschenkieferhonigkomposition mottogerecht zum gereiften Bergkäse.

Der Honiglikör mit Kurkuma basiert auf Blütenhonig, vorwiegend vom Löwenzahn, und besitzt eine fruchtig-intensive Frische. Mit Gorgonzola oder indischem Curry sei er ein Genuss, versichert Jitka. Die Variante mit Wacholder wurde im kleinen Holzfass gelagert, sie ist aromatisch und vielschichtig. Sollten solche Geschmackskombinationen zu weit außerhalb der Komfortzone liegen, verspricht der (Wald-)Honiglikör „Klassik“ ebenfalls großes Vergnügen. Die Bienenstöcke stehen auf dem Oberkorerhof in unmittelbarer Nähe zu Fichten, Tannen und Föhren.

Auf dem Hof leben alle für den Honig, auch die beiden Töchter Elisabeth und Sophie. Sie packen bei der Vermehrung und Züchtung der Honigbienen an und bei der Honigproduktion sowieso. Die siebzig Bienenvölker bilden die Grundlage. Unterschiedliche Lagen ergeben unterschiedliche Honige, das sei ähnlich wie beim Wein. Jitka und Lukas schreiben ihren Honiglikören gesundheitsfördernde Eigenschaften zu. Der Honiglikör mit Propolis sei ein wahrer Immunbooster. Er wirke als natürliches Antibiotikum, insbesondere bei Halsschmerzen.

Neben Genuss und Gesundheit muss die Bildung nicht zu kurz kommen. Auf dem hofeigenen Bienenweg lässt sich lückenhaftes Bienenwissen mühelos aufpäppeln. Ich habe nicht gewusst, dass für 1 Kilogramm reinen Honigs 80.000 Kilometer Bienenflug, 350.000 Bienenausflüge und ganze 5,6 Millionen Blütenbesuche nötig sind. Ein Vielfliegerprogramm wäre hier eine echte Marktlücke, mit rekordverdächtig geringem CO_2-Ausstoß! So ein Bienenvolk ist außerdem perfekt durchorganisiert. Jede weiß, was sie zu tun hat. Keine Müllrunterbring- und Spülmaschinendiskussionen! Wie gesagt, das pure Idyll, dem Honiglikör sei Dank.

INFOS

Oberkorerhof
Lagarn 12, Eggen (Deutschnofen)
Tel. +39 329 4416569, www.oberkorerhof.com

Alchimist der Dolomiten

ZU PLUN, KASTELRUTH

Herrlich ruhig ist es hier oben, von ferne ertönt Vogelgezwitscher, die Sicht auf die Dolomiten ist glasklar. Es riecht nach frischem und gärendem Obst. Idyllischer geht es nicht. Wie kann Florian Rabanser auf die Idee kommen, ein solches Refugium jemals zu verlassen? Als ich ihn besuchte, war er gerade von der „Venice Cocktail Week“ zurückgekehrt, wo er seine neuesten Gin-Kreationen vorgestellt hatte.

In Venedig nennen sie ihn den Alchemisten aus den Dolomiten. Seine Herkunft ist unverkennbar. Florian strahlt aus, worauf alle Flachlandmenschen neidisch sind. Diese Heimatverbundenheit! Diese Bodenständigkeit! Und doch sind da diese blitzblauen Augen, die unverhohlen neugierig dreinschauen: Sie sprechen die Sprache der Weltoffenheit. Ohne die gehe es eben auch nicht. Um kreativ zu sein, braucht es Inspiration, die findet Florian unten im Tal, im Süden und im Norden.

Als gelernter Koch hat der reisefreudige Florian schon in jungen Jahren oft in fremde Töpfe geblickt. Das Ausbalancieren von Aromen ist seine Lieblingsdisziplin. Aromen sind lebhafte Wesen.

Manche halten Händchen, andere teilen Spitzen aus, wieder andere prügeln sich und werfen Teller an die Wand. Nach Monaten im Glasballon gibt es laufend Versöhnungssex. Herauszufinden, wer mit wem kann und bis zu welchem Punkt, erfordert nicht nur Erfahrung und Fingerspitzengefühl, sondern auch Risikofreude.

Die Geschichten von den Schlernhexen beschäftigen Florian seit seiner Kindheit. Vielleicht geht ihm das Zaubertrankrühren deshalb so leicht von der Hand. Der Plunhof war passenderweise einst im Besitz Oswalds von Wolkensteins, der war auch ein erfindungsreicher Unangepasster. Das vom Vater ererbte Kräuterwissen bildete die Initialzündung für Florians „Dol Gin". Er schmeckt rau, kühl und herb – und zugleich geschliffen wie ein Bergkristall, weil neben Wacholder auch Hagebutte und Enzianwurzel im Spiel sind. Und noch das eine oder andere Kräutlein, das der Alchemist nicht preisgibt. Der preisgekrönte „Dol Gin" soll schließlich ein Mythos bleiben – wie die Berge, aus denen er kommt. Wer es lieber mediterran mag, darf getrost auf den „Yellow Gin" mit Aromen von Zitrone und Zypressenzapfen ausweichen oder auf den „Grenoir" mit Granatapfel.

Die Weltoffenheit entfaltet sich beim „Salz Gin" und den beiden venezianischen Gins. Erbsenblüte, Meerfenchel und Auster sind in keinem Dolomitenwald zu finden. „Ich habe immer neue Ideen", meint Florian. „Alles ist interessant und aus allem lässt sich etwas Großartiges kreieren." Er sagt das nicht nur so. Einmal hat ihn ein Obsthändler angerufen, er habe eine halbe Tonne reife Bananen übrig, ob Florian die wolle? Unbedingt! Er maischte sie ein und setzte sie mit Kräutern an. Karibikflair auf 1000 Metern dank eines Bananendestillats im „Tiki Style", *why not*?

Der Reiz des Plunhofs besteht darin, nicht genau zu wissen, was einen erwartet. Florians „Rhum" erinnert mit seinen rauchigen Noten an Mezcal, der weiße Vermouth kokettiert mit der Kaffirlimette. „Du musst nicht zwingend verrückt sein, um eine vortreffliche Spirituose zu machen, aber es hilft enorm", sagt Florian und zuckt mit den Schultern. Zum Glück weht hier oben immer ein Lüftchen. „Ich lasse mir gerne den Wind durchs Hirn fegen. Er bringt mir neue Ideen.“ So ein Wind wirbelt alles durcheinander, lädt ein, loszulassen und einfach nur zu spielen. Florians flüssige Raritäten verdanken dem Wind viel – und den Schlernhexen sowieso.

INFOS	**Zu Plun** St. Valentin 9, Kastelruth Tel. +39 335 6009556, www.zuplun.it

Hofbrennerei

Bauernhofidyll ohne Kitsch, mit Schnaps

HOFBRENNEREI PSCHNICKERHOF, VILLANDERS

Wenn Stadtkinder ein Bild von einem Bauernhof malen, wird der mit großer Wahrscheinlichkeit dem Pschnickerhof ähneln. Er ruht am sonnigen Hang, eingerahmt von Weinbergen, Obstbäumen und Wiesen. Im Stall stehen zwei Kühe, draußen gackern Hühner. Unten am Bach neben der verfallenen Mühle wühlen sich sechs Schweine durch altes Laub und frisches Gras. Dort ist es im Sommer nicht so heiß, denn Schweine vertragen die Hitze nicht so gut, sagt Daniel Kainzwaldner. Wenn es den Schweinen gut geht, ist das auch gut für den künftigen Speck.

Damit das Idyll nicht Gefahr läuft, einschläfernd zu wirken, stakst Daniels Sohn Moritz geschäftig über den Hof, immer gut behütet von dessen Opa Urban. Daniel führt den Pschnickerhof seit sechs Jahren. Schnapsbrenner ist er im Nebenberuf. Das mit dem Brennen hat er von seinem Opa Josef. Der brannte gerne Schnaps, Enkel Daniel saß dabei und schaute zu. Es war die ruhige Zeit im Winter, drinnen in der Brennerei war es warm. Man konnte reden oder schweigen, je nachdem wonach einem war.

Gebrannt wird, was die hofeigenen Reben und Obstbäume hergeben. Das hat der Opa schon so gemacht, und Daniel führt die Tradition weiter, aber mit neuen Ideen. Oberstes Prinzip: „Was bei uns hier oben wächst, das brenne ich." Das sind hauptsächlich Äpfel, Birnen, Zwetschgen und Quitten. Marillenbrand gibt es nicht. Marillen wachsen hier oben nicht und fertig.

Der Apfelbrand ist aus den Sorten Gravensteiner und Jonagold gebrannt und hat eine Würze am Gaumen, die dezent an Apfelkerne erinnert und ziemlich appetitanregend ist. Einen Teil füllt Daniel ins kleine Holzfass. Der fassgelagerte Apfelbrand erinnert mit seinen Anklängen von Vanille und Gewürznelke mehr an Bratäpfel als an frisch gepflückte, und das ist gut so!

Daniels Grappas vom Müller-Thurgau und Gewürztraminer sind wie er selbst. Leise, sanft, entspannt und von einer entwaffnenden Freundlichkeit. Warum sich hier oben auch nur ansatzweise stressen? In manchen Fällen heißt es eben abwarten. Daniels Kinder sind gerade mal wieder krank gewesen, die Familie strampelt sich aus dem Chaos heraus, aber es wird schon vorbeigehen. Das einzige, das vorhersehbar ist, ist das Unvorhersehbare.

Das gilt auch für die Vogelbeeren. Die vergären heuer besonders langsam. Daniel schwört darauf, sie im Spätherbst einmal über Nacht anfrieren zu lassen, bevor er sie erntet. Andere Brenner erledigen das mittels Tiefkühlung. Daniel schüttelt verständnislos den Kopf. Warum sollte er in etwas eingreifen, das die Natur ohnehin erledigt? Die Vogelbeere sei eine echte Zicke, lasse sich immer wieder aufs Neue bitten, bis sie sich endlich dazu herablasse, ordentlich zu vergären, aber was soll's!

Das Beste zum Schluss. Im Pschnickerhof wird nicht nur Schnaps gebrannt, es wird dort auch gekocht, und zwar vorzüglich! Wer auf dem Keschtnweg oder dem Törggelesteig durchs Eisacktal wandert, kann gar nicht anders als hier vorbeizukommen. Mit Bus oder Auto geht es auch. Im Herbst heißt es: Moderne Küche

meets „alpine style". Neben traditionellen Käsenocken und Schlutzkrapfen lassen sich Gäste mit Pulled Pork beglücken. Die Säfte sind hausgemacht, der Wein sowieso, vom Speck ganz zu schweigen. Die ausgezeichnete, gehaltvolle Küche schreit geradezu nach einem Verdauungsschnaps – und was kann es Schöneres geben als ihn zu genießen mit Blick auf die Reben und Bäume, von denen er stammt.

INFOS

Hofbrennerei Pschnickerhof
Sauders 39, Villanders
Tel. +39 0472 843498, www.pschnickerhof.it

Marroni de luxe: Kastanienspirituosen

Ich mag es, wenn sich irgendwas oder irgendwer Hundsgewöhnliches ungeniert edel nennt. Dafür braucht es nämlich eine gewisse Rotzigkeit oder, vornehmer ausgedrückt, Chuzpe. Ein Edelpilz macht einfach mehr her als ein Wiesenchampignon. Recht hat er! Ähnliches gilt für Steine, Schimmel, Schnulzen und für das Fräulein und ihren Mut sowieso. Was andernfalls bedrückend trivial daherkäme, verleiht sich das Label „de luxe".

Die Esskastanie ist keine Ausnahme. Sie nennt sich mit Vorliebe Edelkastanie. Das ist ein Kunstgriff, war sie doch jahrhundertelang ein Armeleuteessen. Wenn ich im Herbst mit geschwärzten Fingern geröstete *Keschtn* aus der Papiertüte klaube, ist das großartig, aber bar jeder Noblesse. Bei Kastanienbränden schaut die Sache schon ganz anders aus.

Aus einer Edelkastanie lässt sich ein vorzüglicher Edelbrand herstellen. Wenn man's kann. Eine Edelkastanie verrät ihre adelige Herkunft nämlich, indem sie sich nicht so ohne weiteres einmaischen lässt wie ein dahergelaufener Apfel oder eine Marille. Sie will eine Sonderbehandlung. Selbst wenn man eine Edelkastanie ohne ihr pieksendes Drumherum vor sich hat, ist immer noch ihre holzige Schale zu bewältigen. Wenn die intakt bleibt, vergärt nämlich rein gar nichts, auch dann nicht, wenn man bis zum nächsten Herbst wartet.

Es heißt also erstmal, die Schalen anzuquetschen. Als ob das nicht Strapaze genug wäre, weigert sich die Kastanie, einfach so zu vergären und damit ihre Stärke in Alkohol umzuwandeln. Das wäre viel zu vulgär. Ohne Stärke keine Gärung, ohne Gärung kein Destillat. Für den Brenner ist das mehr als blöd. Wer Edelkastanien brennen will, muss sich auf ein zeitraubendes und aufwendiges Verfahren einlassen. Deshalb lassen die meisten Brenner die Finger vom Kastanienbrand. Im restlichen Italien und in der Schweiz bieten nur wenige hartgesottene Brenner der edlen Frucht die Stirn. In Südtirol sind es ganze zwei! Glücklicherweise gibt es die Trotzkopf-Connection zwischen Eisacktal

und Vinschgau, die sich nicht abschrecken lässt. Norbert Blasbichler (Radoarhof, S. 149) und Martin Aurich (Castel Juval Unterortl, S. 44), wollten wissen, ob der Edelkastanie nicht ein Brand zu entlocken sei. Martin besaß damals bereits seine Brennanlage, Norbert brachte die Kastanien mit.

Nach langer Tüftelei entwickelten die beiden ein Verfahren, mit dem sie der Edelkastanie nicht nur ihre wertvolle Stärke, sondern auch ihre wertvollen Aromen abtrotzen. Vor dem Einmaischen müssen die Kastanien erst einmal in holzbefeuerten Kesseln gekocht werden. Das dauert länger als eine Farbbehandlung beim Friseur, aber es lohnt sich.

Die Kastanienmaische sieht nicht unbedingt appetitlich aus, aber das tun Maischen generell nicht. Wen interessieren schon Äußerlichkeiten, Hauptsache, das Zeug gärt endlich!

Heute brennen Norbert und Martin jeder einen eigenen Kastanienbrand. Ein Teil davon reift im Edelstahl, der andere im Holzfass. Die edelstahlgelagerte Variante ist Kastanie pur, auf eine vornehm zurückhaltende und trotzdem unverwechselbare Weise. Mit der Tür ins Haus zu fallen geziemt einer De-Luxe-Kastanie nicht. Der Kastanienbrand aus dem Holzfass erinnert mich an einen jungen Whisky. Zur fruchtig-nussigen Note und zum süßlichen Kastanienaroma gesellen sich Gewürznelken und Karamell. Das passt hervorragend zusammen.

Eine Wanderung entlang des Eisacktaler Keschtnwegs, zu hochdeutsch Kastanienweg, kann sehr vergnüglich sein. Sie kommen dabei direkt beim Radoarhof vorbei und später – je nach Himmelsrichtung – auch beim Pschnickerhof in Villanders (S. 141) oder beim Haidnerhof in

Pairdorf bei Brixen (S. 153); die brennen keine Kastanien, aber dafür andere Köstlichkeiten. Aber bitte um Rücksicht, es ist verboten, die Edelkastanien zu sammeln! Sie gehören – wie die Äpfel und Birnen – den Bauern.
Wem der Keschtnweg oder der Anstieg auf den Juvaler Burghügel zu anstrengend ist, kann auf andere kastanieninspirierte Spirituosen zurückgreifen. Mit Edelkastanien lässt sich allerhand anstellen. Man kann sie in Grappa einlegen oder einen Likör draus machen. Kastanienspirituosen sind jedenfalls Kult und eine Rarität obendrein.

UNBEDINGT PROBIEREN

→ Castaneo, Handcrafted Chestnut Spirit, **Taubers Unterwirt**, *Feldthurns*
→ Castanea Edelkastanienbrand, **Hofbrennerei Castel Juval Unterortl**, *Kastelbell-Tschars*
→ Castanea Edelkastanienbrand aus dem Edelkastanienfass, **Hofbrennerei Castel Juval Unterortl**, *Kastelbell-Tschars*
→ Edelkastanienbrand aus dem Eichenholzfass, **Radoarhof**, *Feldthurns*
→ Grappa con castagne, **Manufaktur Weberhof**, *Kastelbell-Tschars*
→ Kastanienlikör, **Brennerei Ludwig Psenner**, *Tramin*
→ Kastanienlikör, **Privatbrennerei Unterthurner**, *Marling*

Entspannter Überzeugungstäter

HOFBRENNEREI RADOARHOF, FELDTHURNS

Es gibt sie, diese Menschen, die gänzlich unaufgeregt ihr Ding machen und kein Bedürfnis haben, sich andauernd zu erklären. Norbert Blasbichler gehört dazu. Er hat einen staubtrockenen Humor, wie Sie ihn in Südtirol nicht allzu oft finden. Ich würde ihn eher auf einer Kabarettbühne verorten als auf einem Bio-Bauernhof in Feldthurns im Eisacktal.

Norbert ist hier groß geworden. Brennen tut er buchstäblich, was unter seinen Händen und vor seiner Nase wächst. Die Umstellung auf biologische Landwirtschaft vollzog Norbert in den späten Neunzigerjahren. Er hatte eine Saison lang in Graubünden gearbeitet und dort viel gelernt, über Mülltrennung, naturnahes Wirtschaften und die lokale Herkunft von Produkten.

Zurück in Südtirol gab es ein unangenehmes Erwachen. Norbert fiel auf, dass die Hühner wochenlang keine Eier mehr legten, nachdem sie unter den frisch gespritzten Apfelbäumen herumgewuselt waren. Es war der sprichwörtliche Tropfen, der das Fass zum Überlaufen brachte. Norbert ging den steinigen Weg der Umstellung auf Bio. Das Umfeld reagierte überwiegend mit Unverständnis.

Glücklicherweise erwies sich Norbert als stur. Der Radoarhof produziert Destillate, Wein und Apfelsaft. Im Hofladen präsentieren sich zur Erntezeit neben Gemüse die hofeigenen Äpfel, Birnen und Zwetschgen. Seit kurzem gibt es sogar einen Cider, hergestellt aus den Äpfeln der eigenen Streuobstwiesen. In ihm verewigen sich die nahezu ausgestorbenen Sorten Brixner Plattling und Steinpepping. Nach denen werden Sie anderswo lange suchen.

Wer möchte, kann alle Köstlichkeiten vor Ort verkosten, denn Norbert und seine Frau Edith betreiben einen Buschenschank. Das ist praktisch, liegt der Radoarhof doch direkt am Eisacktaler Keschtnweg. Der erstreckt sich vom Kloster Neustift bei Brixen entlang der Hänge des Eisacktals bis zum Rittner Hochplateau und führt durch farbenprächtige Mischwälder und imposante Kastanienhaine.

Norbert strahlt Ruhe und Geschäftigkeit zugleich aus. Er braucht das Destillieren nicht zum Runterkommen, die Ruhe hat er schon. Für Norbert ist ein Destillat eines der hochwertigsten Genussprodukte, die es gibt. Und wie sonst lassen sich alte Sorten so gebührend feiern als in einem Edelbrand? Auf den Streuobstwiesen wachsen Butterbirnen, Pastorbirnen, Kaiser Alexander, die Weißbirne und die Gute Luise. Sie alle finden ihren Weg in Norberts Birnenbrand.

Norbert experimentiert gerne, aber immer schön entspannt. Als Landwirt lässt er den Dingen Zeit, sich zu entwickeln. Aus Roggen stellt Norbert einen im Holz gereiften Brand her. Er nennt ihn bewusst Roggenbrand und nicht Whisky. Wir sind hier schließlich in Südtirol! Eigener Roggen ist hierzulande eine Rarität. Als Winterfrucht und Bodendecker ausgesät, lässt Norbert ihn beim befreundeten Landwirt Andreas Baldauf in Tötschling dreschen. Der ist im Nebenberuf Bäcker und sagte eines Tages zu Norbert: „Dein Roggen ist doch viel zu schade für Mehl, brenn ihn lieber!“

Ebenfalls im Fass lagern Weinbrand und Edelkastanienbrand. Mal sehen, wie lange. Timing ist alles. Es kommt darauf an, den richtigen Zeitpunkt abzuwarten, einen Brand aus dem Fass zu holen und in die Flasche zu bringen. Echte Reife lässt sich nicht beschleunigen. Auf Ruhe und Gelassenheit kommt es an, aber Norbert winkt ab. Geschenkt! Als Landwirt liegen ihm die im Blut.

INFOS

Hofbrennerei Radoarhof
Pedratz, 1, Feldthurns
Tel. +39 0472 855645, www.radoar.com

Wo Ruhe bewahren leicht geht

HOFBRENNEREI HAIDNERHOF, BRIXEN

Es macht keine Mühe, hier einen Gang runterzuschalten. Es geht gar nicht anders. Der Haidnerhof thront über Brixen und zeigt sich vom geschäftigen Treiben der Stadt unbeeindruckt. Erstmals im 12. Jahrhundert urkundlich erwähnt, ist er einer der größten und ältesten Höfe weit und breit. Franz-Josef Obexer und seine Frau Ingrid bauen Reben an: Grünen Veltliner, Riesling, Sylvaner, Kerner, Zweigelt und Portugieser – unverwechselbarer eisacktalerisch geht es nicht.

Die Weinberge gehören zu den nördlichst gelegenen auf der Alpensüdseite. Wenige Kilometer weiter ist Schluss mit den Reben. Franz-Josef liefert die Trauben an das Kloster Neustift, genauer gesagt an dessen Önologen Celestino Lucin. Der macht aus ihnen ausgezeichnete Weine, die mit ihrer Eleganz, Frische und Tiefgründigkeit weit übers Eisacktal hinaus die Gemüter in positive Wallung bringen. Die Stiftskellerei zählt zu den ältesten, immer noch aktiven Weinkellereien der Welt. Franz-Josef ist stolz, an sie zu liefern.

Zum Glück behält Franz-Josef auch einige seiner Trauben zurück. Im historischen Gewölbe keltert er eigene Weine, die er im Hofschank ausschenkt. Im Frühjahr und Herbst wandelt sich der Haidner zu einem beliebten Treffpunkt der Einheimischen, die die frischen, unkomplizierten Weine und Ingrids Küche genießen. Wer kann, kommt zu Fuß her. Der Hinweg garantiert ausreichend großen Hunger, der Rückweg rettet den Führerschein.

Ingrids hausgemachte Kaminwurzen und Speck von eigenen Tieren genießen einen exzellenten Ruf. Und selbst Vegetarier macht Ingrid glücklich, mit Kräuter-Topfen-Teigtaschen und vielerlei verschiedenen Knödeln. Wer sich anschließend noch Krapfen oder Topfenknödel gönnt, ist froh, wenn Franz-Josef ein selbst gebranntes Destillat dazu reicht. Irgendwie muss man ja wieder runterkommen in die Stadt!

Franz-Josef brennt selbstredend nur eigene Trester. Er ist seinen Weinreben nicht unähnlich. Seiner Umgebung tief verbunden, trotzt er so mancher Wetterkapriole. Die Niederschläge des letzten Sommers zählt er alle nach Datum auf, ohne auch nur einmal kurz zu überlegen. Ein Mann der vielen Worte ist Franz-Josef trotzdem nicht, aber seine Freundlichkeit macht sie sowieso überflüssig. Ein Edelbrand habe eine Seele, sagt er. Wenn es ihm gelänge, sie auszudrücken, habe er alles richtig gemacht. Was gibt es da noch hinzuzufügen?

Ich habe nicht wenige Brennerkollegen kennengelernt, die Franz-Josef um sein glückliches Händchen beneiden. Langsam müsse man brennen, niemals in Eile oder gehetzt. Ich hatte das Vergnügen, Franz-Josef beim Brennen zuzuschauen. Brenner bewahren immer die Ruhe, aber eine solche Ruhe habe ich noch nie erlebt. Dass Franz-Josefs Schnäpse gelebte Entschleunigung sind, ist eine logische Konsequenz.

Die Spezialität lautet Grappa. Schließlich sind wir auf einem Weinhof. Franz-Josefs Grappas haben immer Power und sind trotzdem

elegant und voller Raffinesse. Die Grappa Passito brennt er im Frühjahr aus einer Trockenbeerenauslese. Im Glas explodiert ein Feuerwerk von getrockneten Trauben, eingelegten Marillen, Birnenkompott und Haselnüssen.

Der Haidner ist nicht nur ein Eldorado für Grappafans. Franz-Josef verarbeitet auch Marillen, Zwetschgen und Williams zu ausgezeichneten Obstbränden. Was ist sein Geheimnis? Er verarbeitet die Früchte in dem Zustand, in dem er sie essen würde. Sein Apfel-Holunderblüten-Brand ist eine Rarität. Frisch, leicht, duftig. Wie ein Apfel, der mit einem sachten Plopp neben einem Holunderbusch ins Gras gefallen ist. Husch, husch, husch.

INFOS

Hofbrennerei Haidnerhof
Torggl 5, Pairdorf (Brixen)
Tel. +39 0472 802303, +39 347 8592708, www.haidnerhof.com

Die Bergwiese im Glas: Kräuter, Zirben & Co.

Mit Wiesen ist das so eine Sache. Sie sehen nicht bloß einladend aus, sondern schreien geradezu danach, Handtuch oder Picknickdecke auszubreiten und sich niederzulassen. Wenn nur die Ameisen nicht wären und die Kuhfladen und die Disteln. Sie machen dem Wiesenidyll gerne einen Strich durch die Rechnung. Zum Glück gibt es für die Wiese passende Spirituosen. Die machen alles ein bisschen leichter zu ertragen und schmecken zur Not auch auf einem englischen Rasen.
Der Duft nach Kräutern, Heu und Waldlichtung lässt sich in Likören, angesetzten Grappas und Kräuterbittern hervorragend einfangen. Weil Wiesen nicht alle gleich riechen, kommt eine enorme Vielfalt heraus. Um einem Missverständnis vorzubeugen: Eine Wiesenspirituose basiert niemals auf Heu, auch wenn selbiges auf dem Etikett steht! Das wäre nicht appetitlich. Moderne Wiesenspirituosen basieren auf Grassamen, Kräutern, Blüten, Wurzeln und Blättern.
Kräuterbitter, Kräuterliköre und Magenbitter haben nördlich und südlich des Brenners eine lange und ehrenvolle Tradition. Das ist kein Wunder, gedeiht doch am Wegesrand allerlei, das sich brennen oder ansetzen lässt. Voraussetzung sind Experimentierfreude und ausgeprägte sensorische Fähigkeiten.
Die Person, die die Wiesenspirituose macht, muss etwas von der Mahd verstehen. Und komponieren können anstatt nur wild mit der Sense herumzufuchteln. Kann die Schafgarbe mit dem Bergthymian, die Kamille mit der Ringelblume? Und wie war das doch gleich mit der Brennnessel?
So eine Wiese ist eine emotionale Sache. Hin und wieder bekam ich schon mal feuchte Augen zu sehen. Weil mancher die (Berg-)Wiesen der Kindheit nie vergisst, liegt es nahe, ihnen ein Denkmal zu setzen. Walter Klotz vom Weberhof (S. 37) setzt seine Grappa mit Schafgarbe an und nennt sie „Hochjoch“. Gleich der erste Schluck gleicht einem magischen Teppich, der innerhalb eines Wimpernschlags eine Alpenüberquerung arrangiert. Pure Science-Fiction im Glas!

Friedrich Steiners (Biobrennerei Steiner, (S. 17) „Gumperle“ ist eine Hommage an den Urgroßvater, der einst nahe der Schweizer Grenze seine Habseligkeiten packte und nach Agums einwanderte. Dort sammelte Friedrich als Kind allsommerlich Kräuter, die der Onkel, ein Kräuterhändler, übers Stilfser Joch bis nach Mailand brachte und sie dort an Apotheken verkaufte. Im „Gumperle“, einem feinen, zurückhaltend gesüßten Kräuterbitter, verarbeitet Friedrich neben der wild wachsenden Moschusschafgarbe die im wahrsten Sinne des Wortes eigenen Wurzeln.
Apropos Wurzeln. Enzian ist aus dem Reich der Bergwiesen nicht wegzudenken. In den Brennereien beansprucht er ebenfalls seinen Platz, ist aber immer gelb und nicht blau! Doch die Blüten haben hier so oder so nichts zu suchen, den Brenner interessieren nur die Wurzeln. Weil auch der Gelbe Enzian unter Naturschutz steht, beziehen die Brenner ihn von Plantagen, anstatt ihn irgendwo auszubuddeln. Es ist möglich, Enzianwurzeln für einen Geist in Schnaps anzusetzen oder sie für einen Brand zu vergären und zu brennen. Was und wie viel Sie sich am Ende ins Glas gießen, hat mit Ihrer individuellen Leidensfähigkeit zu tun, denn der bittere Enzian ist nichts für schwache Nerven. Helfen soll er allerdings gegen fast alles. Magenverstimmungen und Verdauungsschwierigkeiten sind nach einem Stamperl Enzianschnaps jedenfalls Geschichte. Sollte Ihnen Enzian schlicht zu ungestüm sein, ist ein Schnaps mit Meisterwurz eine segensreiche Alternative. Der schmeckt auch herb, aber nicht

UNBEDINGT PROBIEREN

- → Apfelbrand mit Meisterwurz, **Brennerei Dr. Aichner**, *Sand in Taufers*
- → Apfelbrand mit Meisterwurz, **Hofbrennerei Außerloretzhof**, *Laas*
- → Apfel-Holunder-Brand, **Haidnerhof**, *Brixen*
- → Apothekerbrand, **Brennerei Dr. Aichner**, *Sand in Taufers*
- → Gumperle Kräuterlikör, **Biobrennerei Steiner**, *Mals*
- → Heublume Likör, **Roner Brennereien**, *Tramin*
- → Hochjoch Grappa con erbe, **Manufaktur Weberhof**, *Kastelbell-Tschars*
- → Honiglikör mit Latschenkiefer, **Oberkorerhof**, *Eggen*
- → Klosterbitter, **Kloster Neustift**, *Vahrn*
- → Wilder Pfaff Fichtenspitz, **Mount Becher**, *Ridnaun*
- → Zirmbrand, **Haidnerhof**, *Brixen*

bitter. Er dient gerne zum Einreiben, wenn Bienen, Schlangen und Wespen zugeschlagen haben, darf aber auch innerlich angewendet werden. Gegen Magenverstimmung, Gelenkschmerzen, Stress und Unruhe. Lebensverlängernd soll er auch sein. Bei so vielen Verheißungen hilft nur Probieren!

Wenn die Sonne knallt und es auf der Wiese zu heiß wird, heißt es ab in den Zirbenwald! Zirbenspirituosen mag man oder mag sie nicht. Und dann wären da ja noch die Latschenkiefern. Vereinzelten Latschen gelingt es, sich zu einem Latschenbitter adeln zu lassen. Das Augustiner Chorherrenstift Neustift in Vahrn bei Brixen stellt einen traditionellen Latschenbitter her. Mönche sind bekanntlich ausgezeichnete Hüter alter Geheimrezepturen. Gesüßt wird der Latschenbitter mit traditionellem Südtiroler Magenzucker. Das verleiht ihm eine zimtige, angenehm würzige Aromatik.

Die Latschenkieferzapfen stammen von den Schrüttenseen auf 2000 Metern Meereshöhe im Schalderer Tal. Stiller und autofreier geht es nicht. Dem Kloster gehören dort oben 400 Hektar Wald und Almen. Die klösterlichen Zapfen sollten noch für einige Flaschen Latschenbitter reichen.

INFOS

Augustiner Chorherrenstift Neustift
Stiftstraße 1, Vahrn
Tel. +39 0472 836189, www.kloster-neustift.it

Der Gin der Queen für den King of Ridnaun

MOUNT BECHER, RIDNAUN

Über Manni Volgger kursiert in der Brennerszene eine skurrile Geschichte. Eines Tages habe er beschlossen, Gin zu machen. Einen „London Dry Gin“, um genau zu sein. Weshalb Manni eigens nach London flog. Ohne Englischkenntnisse, aber mit einigen Flaschen Vernatsch und Südtiroler Speck im Gepäck.

Manni fuhr schnurstracks zu einer Gin Distillery. Und zwar nicht zu irgendeiner, sondern zur altehrwürdigen Beefeater Distillery! Für Manni ist das selbsterklärend. Die Queen höchstpersönlich habe schließlich gerne Beefeater getrunken. Er ließ den Haupteingang links liegen und klopfte an die Seitentür. Er wollte schließlich nicht ins *visitor centre,* sondern direkt zum Brennmeister.

Irgendwie gelang es ihm. Dem Brennmeister mundeten Speck und Wein vorzüglich. Ein Mitarbeiter sprach etwas Deutsch und übersetzte. Manni fuhr nicht mit leeren Händen nach Hause. Beefeater verdankt er eine spezielle Zutat für seinen „Argintum“. Sie bleibt selbstredend ein Geheimnis! Mir fiel es schwer, die Geschichte zu glauben. Als Manni sie mir in eigenen Worten erzählte, dämmerte mir, dass sie stimmt. Der Mann lässt sich nicht abhalten, wenn er sich etwas in den Kopf gesetzt hat. Auf seinem T-Shirt steht „I tua olls“ (Ich mach alles). Den 25-kg-Sack gemälzte Gerste lupft er, als handele es sich um einen Beutel Kräutertee. Der Mann brennt nicht nur, er braut auch Bier!

Seine Brennblase hat er Marie getauft. Sie ist nach Maria Fassnauer benannt, die als Tiroler Riesin in die Geschichte einging. Geboren wurde sie 1879 auf dem höchstgelegenen Bauernhof in Ridnaun. Sie erreichte die stattliche Größe von 2,17 Metern. Als Erwachsene zog sie in Begleitung ihrer Schwester mit einer Schautruppe als „größte Dame der Welt“ durch Europa. Mannis Brennblase misst nur wenige Zentimeter mehr als Maria damals.

Seit er denken kann, streift Manni in jeder freien Minute durch Wiese, Feld und Kräutergarten. Irgendwann entwickelte er die Idee, das Gesammelte zu Schnaps zu brennen. Was anfangs nur ein Hobby war, ist zu einer Brennerei herangewachsen, die Manni die nördlichste und am höchsten gelegene Brennerei Italiens nennt. Er tüftelt mit Vogelbeeren, Wildkräutern und sogar Schüttelbrot. Manni ist ein kreativer Tausendsassa, gesegnet mit überbordender Energie. Hotelier ist er auch noch.

Wie macht der das bloß? „Ganz einfach“, sagt Manni. „Ich gehe täglich ein bis zwei Stunden mit Leo spazieren.“ Leo ist ein Berner Sennenhund und redet nicht dazwischen, während Manni seine Ideen entwickelt. Die meisten davon sind ziemlich verrückt. So schleppte Manni im September 2022 mithilfe Dutzender Whiskyfans 127 Liter seines selbst gebrannten Whiskys 1.800 Höhenmeter in die Berge und überquerte dabei einen Gletscher. Der Whisky „Mount Becher“ reift jetzt nahe dem Becherhaus seiner Vollendung entgegen. In einem Holzfass auf 3.195 Höhenmetern in Maria im Schnee, der höchstgelegenen Kapelle Europas.

Gin-Fans pilgern zu Manni seines „Argintum“ wegen. Das ist der mit der Beefeater’schen Geheimzutat. Manni nennt ihn eine Hommage an die Knappen vom Schneeberg, die einst auf 2.700 Metern

nach wertvollem Silbererz schürften und ein entbehrungsreiches Leben führten. Der Name ist an Argentum angelehnt, die Bezeichnung für Silber im Periodensystem der Elemente. Dessen Ordnungszahl lautet 47, also entschied sich Manni für 47 Volumenprozent Alkohol. Die trinken sich überraschend leicht und lässig, auch wenn man kein wackerer Knappe ist. Dasselbe gilt erstaunlicherweise auch für den „Argintum Navy Strength", der auf stolze 57 Volumenprozent kommt.

INFOS

Mount Becher
Untere Gasse 13, Ridnaun (Ratschings)
Tel. +39 0472 656209, www.gassenhof.com

Mese di
COPIA DELLA

Schnaps aus der Apotheke

BRENNEREI DR. AICHNER, SAND IN TAUFERS

Apotheken riechen für mich immer gleich, egal ob in Palermo oder Husum. Sind es die Desinfektionsmittel oder die in der Apotheke angerührten Salben und Tinkturen? Die Antwort muss warten, denn schon kommt mir der Herr Apotheker entgegengeeilt. Dr. Hans Aichner ist der letzte Brenner auf meiner Schnapsreise und der erste, der einen weißen Kittel trägt.

Apotheken bieten neben Medikamenten alles Mögliche feil. Basenpulver, Zahnseide, Wärmeflaschen. Schnapsflaschen sind eher selten zu sehen. Bei Dr. Aichner steht ein ganzes Regal. Auf Rezept gibt es die aber nicht. Hans wurde in eine Apothekerfamilie hineingeboren. Bruder Jörg betreibt in Klausen die Stadtapotheke, Ehefrau Christine die im vier Kilometer entfernten Luttach.

Ein bisschen gezögert hat er damals schon, kurz vor der Matura. Als Gymnasiast interessierte er sich sehr für Fotografie. Dass er schlussendlich den Weg des Pharmaziestudiums einschlug, hat Hans nie bereut. Der Apothekerberuf sei reizvoll – aus wissenschaftlicher, aus unternehmerischer und nicht zuletzt aus menschlicher Sicht. Bevor die Menschen zum Arzt gehen, kämen sie oftmals zu ihm. Um unter vier Augen zu besprechen, wo es fehlt und was ihnen auf der Seele liegt. Deshalb steht Hans bis heute gerne hinterm Verkaufsschalter. „Wir verkaufen Produkte mit hohem Erklärungsbedarf." Das tut er mit Leib und Seele. Weil er Lust hat aufs Erklären und weil er mitfühlt, sich auskennt mit Ängsten, Unsicherheiten und Schwächen.

Hans' zweite große Leidenschaft heißt Frankreich. Frankophil war er immer schon, mit 16 bereiste er zum ersten Mal Paris, es folgten viele Fahrten im Nachtzug Innsbruck–Paris. Dann war fast zwanzig Jahre Pause, die vier Kinder wollten lieber ans Meer. Vor zwei Jahren belegte Hans dann einen zweiwöchigen Intensivkurs Französisch in Paris. Einen Teil unserer Unterhaltung führt er in fließendem Französisch. Incroyable!

Das Schnapsbrennen ergab sich als logische Folge des Pharmaziestudiums. Damals kam Hans mit dem Destillationsprozess in Berührung – und war fasziniert. Es lag nahe, auch mal etwas für den Genuss zu destillieren. Die Vogelbeere machte den Anfang, denn Vogelbeerschnaps hat im Pustertal und im Tauferer-Ahrntal Tradition. Von dort war es nur ein kleiner Schritt zum Obstbrand. Hans' kreative Ader will schließlich auch mitreden. Wo sonst können Herz und Hirn so glücklich zusammenfinden wie in einem Brand?

Dr. Aichners „Apothekerbrand" ist ein Herzhirnschnaps par excellence. Magenbitter herzustellen war traditionell Apothekersache. Hans hat für seinen eigene Äpfel eingemaischt, zusammen mit Fenchel, Anis, Thymian, Melisse und Pfefferminze. Das Ergebnis ist fein, filigran und durchdacht wie eine sorgfältig einstudierte Choreografie. Gleichzeitig scheint etwas kraftvoll Ungebremstes durch. Da möchte ich nur zu gerne glauben, dass so ein Brand eine willkommene pharmakologische Wirkung entfalten könnte! Wären da nur nicht die allseits bekannten Risiken und Nebenwirkungen.

Da wir uns in einer Apotheke befinden, finden auch die Wurzeln ihren Platz. Der Apfelbrand mit Meisterwurz und der mit Enzianwurzel geben einem das angenehme Gefühl, den Genuss mit etwas Wohltuendem zu verbinden. Auch wenn Hans selbst seinen Bränden niemals eine heilungsfördernde Wirkung zuschreiben würde. Medizin oder nicht, es lohnt sich jedenfalls vorbeizuschauen. Woher der typische Apothekengeruch kommt, weiß ich immer noch nicht. Es gab zu viel anderes zu besprechen.

INFOS

Brennerei Dr. Aichner
Ahrntaler Straße 21, Sand in Taufers
Tel. +39 0474 678035, www.apotheke-farmacia.it

Gedruckt mit freundlicher Unterstützung
der Abteilung Deutsche Kultur der Autonomen Provinz Bozen – Südtirol

Bildnachweis

stock.adobe.com: S. 6 (Foto Pavel Siamionov), 80 (Foto Gecko Studio), 82 (Foto Gerhard Seybert Studio) | Alamy Foto Stock: S. 83 | Befehlhof (Foto Julia Lesina Debiasi): S. 30 | Hofbrennerei Castel Juval Unterortl: S. 45, 46, 144, 147 | Edelschwarz (Foto Patrick Schwienbacher): S. 72, 75 | Hofbrennerei Gaudenz: S. 49 (Foto Patrick Schwienbacher), 50 | Maria Kampp: S. 59, 92, 107, 120, 139 l., 140, 156, 160 | Kloster Neustift (Foto Albert Ceolan): S. 158 | Mount Becher: S. 163 | Oberkorerhof: S. 132, 135 (Foto Gabriel Eisath) | Pschnickerhof: S. 143 | Brennerei Ludwig Psenner (Foto Klaus Peterlin): S. 112, 115 | Heiner Pohl: S. 28 | PUNI Destillerie GmbH: S. 13 r., 20, 23 l., 23 r., 122 | Arnold Ritter – Focus Fotodesign: S. 10, 14–15, 16, 19 l., 19 r., 24, 27, 32, 35, 36, 38, 42, 52, 54, 64, 67, 70, 76, 79, 88, 91, 94, 96, 99, 108, 110, 124, 127, 146, 148, 151, 152, 155, 164, 167 | Roner Brennereien: S. 104, 130, 116, 119 l., 119 r. | Schnalshuberhof (Foto Dominic Telser): S. 56 | Schwarz Brennerei (Foto Patrick Schwienbacher): S. 84, 87 | Friedrich Steiner: S. 40, 128 | Brennerei St. Urban: S. 13 l. (Foto Horeca Creator), 100 (Foto Dieter Peterlin), 103 (Foto Jürgen Eheim) | Tourismusverein Schenna (Foto Patrick Schwienbacher): S. 68 | Privatbrennerei Unterthurner (Foto Benjamin Pfitscher): S. 60, 63 | Wikimedia Commons (Foto Badagnani): S. 106 | Zu Plun (Foto Luca Zuccolo): S. 136, 139 r.

1. Auflage 2023

Lektorat: Hermann Gummerer
Grafik und Umbruch: no.parking, Vicenza
Druckvorstufe: Typoplus, Frangart
Printed in Europe
ISBN 978-3-85256-890-4
www.folioverlag.com